相遇～在印度占星

JYOTISH ASTROLOGY

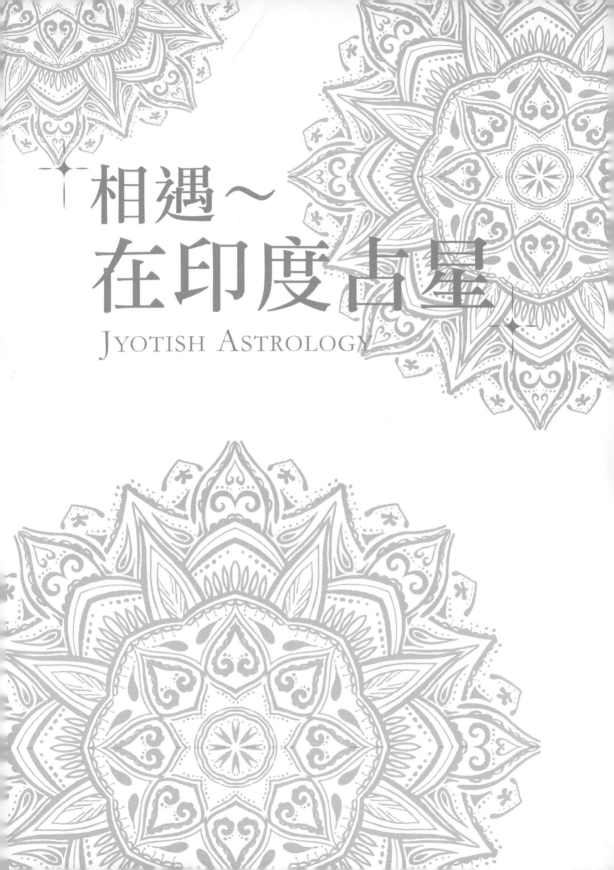

命運，鳳凰浴火般

李傅中武（台北市議員）

　　最初認識靜唯是因為她當時是我松山區的原住民選民，記得第一次去八德路她家拜訪時，她脂粉未施，看起來就像一個樸實無華的家庭主婦，因為她和我都是芋頭番薯，父親是外省人，母親是原住民，我們身上流著同樣的血統，而且我在南澳出生，她則是在天祥山上長大的，所以我們一見面就有說不出的熟悉感，兩人相談甚歡，她也承諾一定全力支持我。

　　再次見面是她為了兒子的事向我陳情，當時她兒子是敦化國小四年級的學生，因為有輕微的妥瑞氏症，在班上常引起導師的誤解，所以她特別請我協調，基於對選民的承諾，我當然義無反顧，也請了教育局督學和學校校長、導師與家長溝通，最後校長允諾會開始重視妥瑞氏症的孩子，也在五年級幫靜唯兒子選了一個非常棒的導師，結局總算皆大歡喜，也再次延續了我和靜唯的善緣……。

　　接著很驚訝聽到靜唯離婚的消息，她也來向我請教一些關於原住民補助與法律諮詢的問題，看著她疲憊而消瘦的臉龐，心裡頗感不捨，婚變對女人是一個很大的打擊，尤其又帶著一個半大不小的兒子，站在一個不僅僅是議員對選民，甚至是朋友的立場，我衷心期盼她能早日走出這次的陰霾，重新站起來。

　　令人欣慰的是，她不但走出來了，還走得有聲有色，意氣風發。常常在網路臉書看到她成為知名命理老師，而且頻頻在媒體曝光的消息，也知道她擁有眾多粉絲，

尤其對於印度占星的造詣更是讓我佩服，因為印度占星在台灣很多人都感覺陌生，靜唯卻能研究出屬於自己一套獨有的論命方式，為無數徬徨無助的客戶指點迷津，看到這本書幾乎每個讓她論過命的客戶都對她好評如潮，我真的發自內心為靜唯老師喝采！

這些年來，一路看著靜唯勇敢走過低潮，就像浴火鳳凰般脫胎換骨，展翅飛翔……終於看到她出了人生第一本書，我相信這本書不僅僅是她致力於推廣印度占星的心血結晶，更為這幾年她的努力與堅強交了一張漂亮的成績單！

不管你喜不喜歡命理，我都誠心推薦這本書給大家，因為你將會看到一個氣質與專業兼具，與眾不同的命理老師。

分享知命的喜悅

嚴智徑（年代電視執行副總）

「五十而知天命」，是孔子的話，對於年過五十的人而言，五十歲之後，對於過去視為理所當然的人生起伏，確實會有一些新的體認。

這個體認證諸孔子的話，就是一般人常說的「人有一得，必有一失」。人畢竟是有其天命，在得意時，不要忘了隨時而來的失意，在失意時，當然也要有勇氣與決心去面對挫折，人到了五十歲，知天命後的體認就是：人嘛，總是會有得意回來的時候。

對於命理，我一向陌生，從來沒有「主動」去找別人算過命，也從來沒有把別人給我的命理意見太放在心上，但對命理背後所代表的大數據意義、人類在宇宙之間的藐小，及大自然背後的深奧不可知，仍然存有一份敬畏之心。

本書作者李靜唯，原來是我的新聞同業，是一位實事求是的專業記者，在她學習命理的路程中，仍能以記者鍥而不舍的查證精神及科學的統計分析從事，讓人見識到了命理領域中，即使有許多怪力亂神的疑慮，但仍有人肯務實地以科學的精神與謙虛的態度去灌溉這個領域，讓人們在尚未知天命之際，仍有可能得到一些「先知」的智慧，及心靈的滋養，令人印象深刻。

願意將這些心得集結成冊，是作者多年研究命理及案例後，心有所想、意有所念後的智慧結晶，其中不乏「分享」的喜悅，期盼讓更多人可以和作者一起更謙虛

地探索人生，生活得更加踏實與自信。

　　也許，你已經體會了血氣方剛的年少，也慢慢有了三十而立的責任感，甚至真的能在職場和家庭中揮汗拚搏，過了四十而不自知。透過本書，應該可以給你一些不同的感受、滋潤。畢竟，隨心所欲不踰矩的年代，很快地在不知不覺中就會來臨。

主動關心運勢發展

陳立昇（昇仁教育機構聖立數學創辦人）

從小到大，對小自個人的生命軌跡，大到國家朝代一個地區的興衰起落，我都很想找到合理的解釋或是背後不可思議的主宰力量，所以很年輕就開始算命的歷程，也見過許多所謂的大師，結論也都大同小異，不外乎是要好好努力堅持下去……？

一年前，剛好要在台中競爭最激烈的一級戰區開新教室，透過朋友介紹認識了李老師，完全沒有想到，印度占星結合其他東西與命理，竟然可以把我過去的生命過程分析得如此詳細，更不可思議的是她竟然準確地預知我即將有第三個孩子，而且還是男的，甚至連出生的時間都完全正確，這真是太神奇了！

除此之外，李老師讓我最敬佩的地方是，她還會主動、持續地關心我後來運勢的發展和變化，並且號召志同道合的客戶一起濟弱扶貧，多佈施行善，誠可謂熱心助人、是一位真正值得大家信賴的命理顧問！

同樣都是老師，但我由衷相信神祕能量及因果輪迴的存在，所以我每天都會唸經迴向給我的家人、學生以及好友們，這次的不丹之行也為每位學生及他們的家長點燈祈福，所以我特地為李老師點了一盞燈，祝福她新書銷售一路長紅。最重要的是能讓更多讀者與李老師結善緣，增福報，就像我與李老師的緣份一樣長長久久…。

命運是可以自己決定的

張清慧（兩岸知名金鐘編劇）

身為編劇的我，一路走來，筆下寫盡了人生的悲歡離合。各式各樣的角色，有著不同的經歷和際遇，絞盡腦汁讓主角們經歷各種壓力和變故。戲劇張力越強，主角的人生越是起伏不定，終究虛構的筆下，要刻畫的是人生的極喜極悲，在極端的悲喜當中，領悟出命運的不可逆，或者去改變那所謂不可逆的人生…。

這是在戲劇裡，卻不是在現實裡…。

記得以前，有人問我一個問題：「如果你可以安排你的喜怒哀樂，你會如何選擇？」那時，我的答案是選擇放棄…「未知」對我來說，是生命裡最迷人的一個面相。年輕時，不願意放棄這個冒險的權力。那時的我，不相信算命，認為命不該用「算」的，而是用「闖」的、用「過」的，即便遇到挫折、悲傷和痛苦，我都相信我會有足夠的能力去應付這一切…。

後來，真的經歷了生命中的悲歡離合，年歲漸長的我，失去了年輕時候的恣意輕狂，面對命運，竟開始覺得忐忑，從那時候起，我終於不再鐵齒，願意相信「命定」，開始接觸了所謂的「算命」。

人在無力和無助時，會相信自己的渺小，會願意虛心聽聽上天早就幫你寫好的生命藍圖，可是，卻也在這時，我又有了疑惑…如果，一切都已命定；如果，老天已經幫你寫好你的人生，那你又何需努力，因為早在你出生的那一刻，在老天的算

盤裡，已經盤算了你的一生⋯於是我開始被消極打敗，處處求神問卜，只希望對未來可以有那麼一點希望⋯。

　　偏偏天生命苦的我，一次一次承受著上天給的試煉，每次的試煉，都一點點消磨我的信仰，我的疑問開始越來越深，而痛苦也相對厚重起來⋯卻就在我接受命運的不可逆時，我開始相信算命，也終於明白了一件事，未知或有驚喜，卻也可能讓你驚慌得不知所措。無助的自己，常常在選擇的當下，做出錯誤的決定，讓自己的未來困在無法逃脫的命運裡⋯。

　　一直到我遇到了靜唯老師，聽著她用印度占星講著我的命盤，我才赫然發現，其實，我可以決定我的命運，我也終於改變了自己悲觀的人生態度。我曾經問過老師，如果命是定的，那每個人要努力的是什麼？如果每個人都走不出出生那一刻的人生格局，那長長的一生，還有什麼可以努力的？老師笑笑的說，「算命」雖不是預知未來，卻可以讓你提早知道你可能會面對的困境，消極來說，給自己一個最好的準備，積極的話，就是所謂的趨吉避凶吧！

　　「命」是生命，而「運」卻是你的人生經歷，唯一可以改變「命運」的，就是你所經歷和學習過的一切，所以，我們當然可以掙脫所謂的「出生格局」。也因為這樣我終於認知了什麼才是真正的「算命」，要「算」的不是你的命中注定，而卻是接受命運後的「積極」和「豁達」，「積極」可以改變你的人生，而「豁達」可以讓你不被命運困住。因為靜唯老師，讓我開始敞開心懷面對自己的「命」，我知道了該如何突破那份厚重的痛苦，放下了掙扎與奢求，拿著寫盡一生的命書，我終於找到力量可以對抗，走出一條真正屬於自己的路。

　　看了老師的書，更是覺得人生的浩瀚無涯，每一分每一秒都可以組合出一個截然不同的人生，悲悲喜喜卻原來只是像輪迴一樣的反覆試煉著人們，看著一個一個的案例，有喜就有悲，有苦就有樂，原來，每個人的人生都有他的苦楚和幸福，就好像在看不同的人生故事，讓我學會更堅強的面對痛苦和失意。

　　依然不鼓勵盲目的去相信算命，但是理性的面對「算命」，是可以給自己一個積極健康的心態，一步一步扎實的走來，酸甜苦辣都屬於自己，也才能讓自己開始懂得享受人生、創造命運。

生命不是偶然的奇蹟

黃道子（中華觀音慈善協會秘書長）

嚐盡人生百草；以身試葯…而終成大家－李靜唯老師！

與唯老師相遇在生命的轉折處～

十年海外寄旅，和唯老師相遇在東區神秘咖啡巷弄中…

淒美身影 VS. 獨特旳瓷音依舊；風姿猶在，但已物是人非…

孑然一身的她－拎著一個可以裝下全世界的大背包，挾著半大不大的小男孩亦步亦趨地穿梭在人群中…眾裡尋針，尋尋覓覓…我們又見面了…依稀就這個光景！

唯老師靈裡透析著…

從生命的苦難＆甜美中，嚐百草「生命甘甜苦」、以身試葯「求神問卜學命理－求答案」，而終成大「家」！

生命不可重來；絕處可以逢生；時機可以運轉！

唯老師走過黑暗的幽谷，如浴火鳳凰般勇敢走向新生！

這次的相遇…讓生命更新！

唯老師結合了紫微的分格排盤對應；輔以塔羅占卜的釋疑…巧妙的運用在印度占星、十二星宿盤式中…而終於找到了唯老師內裡心靈的羅盤…

最後總算自成一格，為人生把脈又引路…終成印度占星大「家」是也！

愚自比山人，略識五術淺薄…偶有靈犀通氣…嘆服天地奧秘無奇不有…

唯老師廣結善緣，淑世利人…為之作序，亦有榮焉也！

禦嚴冬，春風送暖

王懷琳（兩岸知名醫美微整醫師）

靜唯要出書了～身為她最親近的閨蜜，我有著深深的感動，當然更多的是歡喜與祝福！

出生在山靈水秀的花蓮，純淨、善良是她的天性，一路走來酸甜苦澀也都嚐盡，她總能以樂觀，熱情的心踏著每一段艱難的步履，特別是對命理的熱愛與執著從未放棄！

記得第一次見到靜唯是在台北一個聚會裡，她那時還是一個活潑亮麗，長袖善舞的媒體記者，但我從她嬌滴滴的聲音裡感受到她內心單純真摯的一面，那種單純是再多的裝飾打扮，再多的滄海桑田都掩飾不了的，因為來自共同的故鄉，從此開啟我們之間長達 15 年相濡以沫，相互扶持的友誼……

一路走來，我曾當過她唯美溫馨婚禮的伴娘，也陪伴她蓋上離婚協議書最痛心疾首的印鑑，看著她落淚，無助地向我訴說對未來的徬徨與迷惘…我始終默默扮演著傾聽的角色，而靜唯總是眨著一雙無辜的大眼對我說：

「琳，妳永遠是我最美麗的垃圾桶……」

從第一次見到靜唯，看到她對命理的執著與熱愛，還有廢寢忘食的學習態度，我就知道她終究有一天會在命理這個領域發光發熱。而我也在她看過我命盤之後鼓勵我放棄優渥的醫院工作，繼續去大陸深造醫學碩士。如今，我終於確定當初這個

決定是對的！靜唯常說，朋友就像一面鏡子，可以互為貴人，共同成長，更重要的是能相互了解並包容彼此的缺點。

靜唯就如同嬌弱的花蕾悄然藏身於冰晶之中，禦嚴冬，冰雪與山巔之寒，如今春風送暖，隨之甦醒，傲然盛放！

誠摯祝福靜唯的第一本書問市，我的直覺告訴我，靜唯接著還會有更多更多的佳作出來，身為她最好的朋友，我想說的是：

「唯，不管妳未來遭遇任何困難，不管我們之間有形的距離有多遙遠，我一直都在妳身邊…也永遠是妳最忠實的（垃圾桶）。」

指引明確方向，帶來正面能量

林葳（曾任威林音樂副總，現職藝人、歌唱老師）

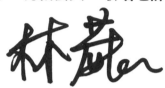

　　一切冥冥之中自有定數，一直有股力量引領我去結識靜唯老師，在偶然的機緣下，想不到真的有機會和老師見上一面，而真正認識了靜唯老師。

　　老師的印度占星造詣真是讓我深感佩服，尤其是靜唯老師精闢講解我的命盤，讓我對論命產生極大興趣，點出了我過去、現在及未來的整體運勢，就如命盤所言，一切會慢慢否極泰來、漸入佳境並且開始要走大運！

　　聽完後，心中大石終於落下，頓時有種相見恨晚的感覺，非常感謝靜唯老師的指點，她把我的命盤做了很完整的詮釋，並且以科學化、邏輯化的方式表達出來，讓我不由得佩服靜唯老師對命理知識的專業與認真，更是一位具有深度及涵養的老師。

　　非常感謝靜唯老師抽空為我解惑，而且老師真的非常很細心，會把我印度占星核對的流年、流月、重要大事整理成一張井然有序的備忘錄，以便日後提醒我該注意哪些事項，例如何時適合投資，何時容易破財，何時要注意感情，何時小心血光意外之災等等，讓自己更先一步瞭解哪個月運勢最旺，哪個月運勢最弱，以增強趨吉避凶的能力，並且事先做好規劃，幫助自己做出正確的決斷，對我的未來運勢有很大的幫助。謝謝靜唯老師的建議與鼓勵，很慶幸能遇到這麼棒的專業老師，老師帶給很多人正面的能量和明確的方向，讓我們對未來充滿了信心與希望。

靜唯老師說印度占星是一門十分精細的統計學數據，並且融合了天文學星象學，甚至必須算到幾分甚至幾秒生的，印度占星因為算到分，甚至精細到連秒都可以影響到幾月幾號的運勢，再加上出生地經緯度，所以每張命盤都是屬於自己獨一無二的運勢，尤其融合了天文學、星象學和數字學、統計學的印度占星術，堪稱目前論運勢最精準的命理術數了，！

　　靜唯老師常說，其實每個命盤都有其獨到之處，也有其不足的地方，瞭解自己有助於規劃自己的人生藍圖。這本書將詳細完整介紹何謂印度占星，並結合真實案例及論命技巧，帶大家認識傳說中神秘的印度占星。所以我本人真心推薦這本書，尤其對印度占星有興趣的人非買不可哦！

相信可以主宰自己的命運

李小慧（香港中學老師、香港職業訓練局兼職講師）

李小慧

> 「燕子去了，有再來的時候；楊柳枯了，有再青的時候；桃樹謝了，有再開的時候。但是，聰明的，你告訴我，我們的日子為什麼一去不復返呢？」
>
> ——朱自清‧匆匆

記得三年前看到這段話的時候，內心真的有很大的觸動，當時正經歷人生低潮的我，開始思考命運的意義。以前，我相信人可以主宰自己的命運，只要努力，一定可以為自己創造一片天。但是當我面對不能逆轉的挫折時，我感到那麼無力，我開始了算命、求籤，希望能為自己找一個出路。三年多來，手相、面相、八字、紫微、占卜、求籤，我都去看了、去做了，但我還是沒辦法找到讓自己內心可以平靜下來的方法，直到六個月前，遇到了靜唯老師。

我跟老師預約好了，就買好機票，一個人飛到台灣。老師用印占結合其他命理詳細地解釋了我的運勢，我這才明白了好多一直藏在心底的疑問。在諮詢過程中，我已被老師的專業和細心所感動，聽著老師把我的命運透徹地剖析，我知道，我終於找對人了！諮詢過後，我的心終於平靜下來了，好像是在黑暗中看到了一盞明燈，在迷茫中找到了方向，也看到了希望！

知道老師要出版印占的書，內心雀躍不已，這確實是對命理有興趣同好的一大福音，在此真心誠意推薦此書給各位有緣人，希望每位曾經像我一樣迷惘的人，都能找到屬於自己心中的一盞明燈。

面對未來，不再恐懼

施欽允（泰山企業喜威世流通股份有限公司總經理）

施欽允

我的職業生涯全在快速消費品度過，有平順有風浪，有失意也有得意，其中至少有三個貴人相助，靜唯老師就是其中之一。

無意中從 FB 上看到網友對她的肯定，也激起自己去找她做指導，老師事前的準備工作非常了得，更是細心到要印證生辰時分是否正確，讓原本對命理不是很熱中的我，對她更具信心。

靜唯老師以印占做成大運流年及流月的命盤分析，詳細解說為我後半生的職涯發展過程指點迷津，也是未來生涯規劃的關鍵指標，靜唯老師指導大運流年流月的精闢分析，可讓我在面對未來時不再恐懼。靜唯老師常說：人的運勢是需要順勢而為，好運時順勢而為會事半功倍，一氣呵成往職涯的高峰衝刺。

反之，當流年走到厄運時，保守及低調是基本的因應之道，不要在低潮時大張旗鼓，反而要逆勢操作，否則將會事倍功半。

我此次在年過半百，碰巧有至中國發展的機會，靜唯老師依據我的大運流年及流月強弱，鼓勵我勇於接受，因為這也是大運期間必須面對的挑戰，我相信老師，更相信自己已經做好充足的準備迎接未來 20 年的金星大運。

命理解析的真心

闕嘉妤（嘉圻國際負責人、麗適診所行銷總監）

　　兩年前，一場突如其來的意外讓我在醫院幾乎喪命，造成這個意外的凶手竟然只是一顆比米粒還小的藥丸，大難不死之後，我驚覺生命的脆弱，想為自己的人生找到答案、找到出口；所以在這樣的一個情況之下我找到了靜唯老師。

　　那是出院後的一個月，我從陽光明媚的高雄一路搭車到細雨綿綿的台北，找到老師之前我走了好長一段路，當時剛出院的我身體還很虛弱，但是為了一探生命的究竟，撐著傘我終於找到了老師的辦公處；當時一打開門看到老師我真的嚇了一跳，我從來沒有看過像這樣美麗的命理老師，白皙的皮膚、優雅的氣質、悅耳的聲音，讓當時迷惘又疲累的我，立刻就鬆懈了下來。

　　第一次遇到如此細心又專業的命理分析，聽老師娓娓道出，我人生中的高低起伏、愛恨癡嗔，帶我回到了過去，也看到未來，就這樣老師成了我生命中不可或缺的依靠，詳盡地分析著我的性格，站在我的立場將心比心為我打算著，當下我就告訴自己我要跟老師成為一輩子的朋友，一輩子的姊妹。

　　靜唯老師，除了美麗還有深不可測的命理專業，認識她是我這兩年來覺得最幸運的事情，原因無他，因為除了精準的分析人生以及命運之外，最最難能可貴的是她還擁有一顆現代人最缺少的～真心。

目錄

第三章

好好譜寫各自的生命劇本
──38 個客戶諮詢案例與感言

真正的強者

不是沒有眼淚的人，而是含著眼淚依然在奔跑的人

第一次接觸印度占星是一個很奇妙的因緣，多年前我去北京一遊，在朋友聚會間因為好友引薦認識一位命理高人，他看起來沉默靦腆，平凡無奇，當大家開始聊起印度占星時，所有人都對他論斷的精準度嘖嘖稱奇，我從年輕時就是那種一聽到誰是命理高人便抓住機會，鍥而不捨發問的人，也許因為我是從台灣來的關係，老師對我也特別留意，並跟我約好私下論命時間，當下我雀躍不已，非常期待與老師的第一次面談。

北京印占名師，破解生辰疑惑

老師很隨興地跟我約在某家幽靜的咖啡廳，他說他並不是以算命為業，純粹是興趣使然，他的夢想是「雲遊四海，瀟灑地揮揮衣袖，不帶走一片雲彩…」讓我驚訝的是，他竟然感應到冥冥中跟我有某種前世注定的因緣，所以他看了我的印占命盤。因為我是在花蓮一間小診所出生，以前也不知道可以去戶政事務所申請出生證明，媽媽一直跟我說是早上 7：00 多生的，所以我以前算命都是算辰時，可是後來終於申請到醫院出生證明，上面寫的竟然是早上 6：30，但字跡卻像是已故父親的筆跡，（我感覺頗為詭異，怎麼會是父親自己寫的？）當下我十分傻眼，如果我真是卯時出生，那我前半生為了算命所花的金錢與精神豈不都白花了？

那幾年我一直在「我的出生時辰究竟是辰時？還是卯時？」之間糾纏，於是又

花了更多的錢去算命，不斷用紫微跟八字去印證，可是卻越算越混亂，越算越迷惘…。於是我下定決心親自拜師學紫微斗數，幾年下來花費不少精力遍訪名師，至少學過三種派別，但結論總是每個時辰都有像與不像的地方，所以還是無法徹底解開自己的迷惑。

直到遇見北京這位老師，我告訴他我不是很確定出生時分，他立刻幫我核對過去結婚生子甚至置產破財的時間，結果核定出我是 6 時 35 分 40 秒生的，如此精準的驗證，當下令我我佩服得五體投地，因為過去發生的事件時間點完全吻合。再經過這幾年的印證之後，甚至連流年流月無一不準！當時我的婚姻正面臨破裂危機，做了 12 年家庭主婦的我，一直很擔心自己萬一離婚，會不會有能力養活自己和兒子，還是一輩子都要靠老公養？

最用心鑽研學習的一門功課

老師只淡淡地回答我：「靠老公？你還不如靠你自己吧！以後你肯定不比你老公差，不過前提是要活得夠久！你的事業運剛好跟一般女人相反，越老越旺，尤其在 50 歲以後。而婚，是一定會離的，不過離婚後你們還是會藕斷絲連，糾纏不清…」（結果後來離婚時間點確實是在老師所說的時間點之內，而我和前夫之間的關係也與老師說的不謀而合。）接著我開門見山就問：「老師，那我離婚以後要靠什麼維生呢？」

「房地產和命理」，老師簡潔明快地回答我，因為我印度占星田宅宮和神秘宮很強，他鼓勵我可以從命理諮詢出發，後來果真賣房子讓我賺了頗為可觀的利潤，但是如果要做命理老師，我自覺才疏學淺，學得還不夠深入，而且只學一種單一命理基礎也過於單薄，於是苦苦哀求這位印占高人收我為徒，最後老師不知是同情我一個單親媽媽的處境，還是真的跟我有緣，他終於首肯收了第一個，也是唯一一個台灣的入門弟子。

一開始學印度占星時，我差點被那些密密麻麻的行星符號給嚇到，我一直覺得自己不可能學會，也幾度想放棄，還好我用塔羅占卜占得一張成功牌，給了我很大的鼓舞，我告訴自己再難也要堅持下去。學習過程有時透過視訊，有時專程去北京

上課，斷斷續續花了大約一年多的時間，而老師也毫不藏私，把他在印度所學最精華的部分全部傳授給我。

每天等孩子睡著之後，我日以繼夜不斷反覆聽著錄音帶的內容，終於讓一個記性不好的媽媽學會了何謂「印度占星」，讓我論命時搭配紫微斗數及其他命理更加得心應手。學習過這麼多命理術數，印度占星堪稱是我學過運勢最精準，也是我最用心學習鑽研的一門功課，當我越學越有心得時，現在的我只想告訴大家那句老掉牙的成語：「天下無難事，只怕有心人」。

勇敢與堅持，是送給自己最好的禮物

真的不要忽略自己的潛力，即便是當了媽媽腦力不濟，但是只要告訴自己你一定可以做到，你就一定能做得到。命理絕對不是一蹴可幾的，需要時間及人生閱歷慢慢累積，每批一次命盤，我其實又重新做了一次學生，每位跟我結緣的客戶都扎扎實實地給我上了一課，也讓我更加確認女人不一定只能當花瓶，而是可以才貌兼具的。當然，遲暮的女人總會有色衰愛弛的那一天，但是只要妳擁有一技之長，不論人生走到什麼樣的絕境，命運都會幫妳開啟另一扇窗的，即便沒有婚姻當避風港，也能靠自己活得怡然自得，雲淡風輕。

不要奢望依靠任何一個人，你唯一能靠的只有你自己。不過女人也不能沒有男人，上帝既然創造了亞當和夏娃，並不是要兩性變成敵人，而是要彼此相濡以沫，互相取暖。聰明的女人會讓男人成為妳的另一隻手臂，互相扶持，相互依偎；而愚笨的女人，只會讓男人離你越來越遠。

一路走來，風風雨雨，但我始終深信～～「勇敢與堅持」是送給自己最好的禮物！

唯有堅持到最後才是最後的贏家，而那些選擇提早放棄的人，將會永遠錯過人生給你最美好、最驚喜的禮物！

這幾年我的工作越來越忙碌，但出書的念想始終在我心中揮之不去，尤其坊間幾乎沒有任何一本印度占星中文版的書籍，我的老師也一直鼓勵我出一本關於印占的書，拖了兩年多，今年我終於下定決心要完成這個心願！還好我經營臉書已久，

加上粉絲專頁的粉絲一共已逾 5 萬人，所以出書對我而言，不僅僅是一個夢想的實現，更是人過中年某個階段重要的里程碑。

浴火鳳凰般蛻變成長

這本書的問市，首先最最要感謝的是我的印占老師，雖然他一直很低調，不讓我公布他的姓名，但他這些年來對我的指點與支持讓我沒齒難忘，點滴在心頭。另外要感謝那些在我剛開始從事命理工作時率先支持我的好朋友們，因為你們的信任，讓忐忑不安的我更有勇氣與信心繼續堅持下去。還有感謝時報周刊資深記者劉建宏，當他知道我離婚，並且從事命理工作之後，二話不說立刻幫我做了多篇專訪，最後因為其中一篇鐵版神數的報導上遍中天電視談話型節目，使我的知名度瞬間暴漲，客戶更是因此絡繹不絕。

在此，也要謝謝我兒子的父親，雖然離婚曾經讓我們傷痕累累，但經過這些年我已慢慢釋然，兩人之間變成像親人一樣的關係，出這本書他也竭盡全力提供他的資源給我。謝謝他，讓我有如浴火鳳凰般蛻變成長，因為如果沒有婚變的打擊，也許到現在我還是一個生活中只有兒子與老公的家庭主婦。更要謝謝我的寶貝兒子，如果不是你一路以來的貼心與陪伴，在那段最痛苦的日子裡，每當媽咪在半夜偷偷哭泣時，只要看到你甜睡而安詳的臉蛋，我的心中就充滿了母性與勇氣，你知道嗎？你不僅僅是媽咪的兒子，更是我忠誠的革命夥伴與支撐我努力走下去最大的力量。

借貴人之力，化小人之厄

謝謝我工商時報的老友謝振寶引薦時報出版，讓我有幸將我從事命理工作多年的處女作交與他們策畫主編；也要謝謝所有贊助我這本書及寫推薦序的朋友們，因為你們對我的支持，讓我能義無反顧，充滿信心地繼續學習，繼續成長。

每個人的人生都有貴人與小人，要如何借貴人之力，化小人之厄，確實是一門不容易學習的功課！但我始終覺得一路走來，雖然貴人無數，但同時也意謂著自己也是自己最大的貴人。因為在專心帶兒子的空檔，我從沒放棄學習，而機會永遠是

留給準備好的人，因此當我面臨人生劇變，我依舊沒有放棄自己，所以造就了現在的「靜唯老師」，我相信既然我可以做得到，每個人也都能變成自己生命中的貴人，為圓滿人生的夢想而努力⋯

　　願與各位讀者共勉之。

不知命，無以為君子

　　一路走來，我始終覺得能與素未謀面的客戶在茫茫人海中相遇，真的是一種冥冥中註定之緣分！

　　我不會強求，也不會去推銷自己，但我相信我的認真與努力是有目共睹的。我要強調的是我不會通靈，也沒有怪力亂神，我完全將命理當作一門深奧的學問在鑽研，它是一門十分複雜而精密的統計學，如同中國的易經一樣博大精深，我每天將客戶的案例當成全新的經驗值在研究，這樣的態度讓我能對命盤的精準度與深度不斷精進。

印占精細且複雜，須做好準備工作

　　很多客戶跟我都變成了朋友，不管我算得有沒有讓客戶十分驚豔，但相信那是因為大家都感受到我的誠懇與專業，幾乎所有客戶都會帶著他們對人生重新的認知與期待而離開，而每個離開的客戶我都非常感恩，感激他們給我機會一次一次的印證，證明我提供的命理諮詢真的可以給他們一些新的啟發與建議，最重要的就是不要放棄自己，命運沒有永遠的低潮，也沒有永遠的巔峰，只要熬過去了，走過去了，重新展翅高飛的舞台就是屬於你的，沒有人搶得走。

　　除了舊客戶重批印占流年流月之外，我不透過電話或函授論命，因為有緣自然就會相見，我堅持面對面親算的原因是要當面跟客戶核對過去發生事件的時間點，好讓我驗證正確時分，同時也要參考命主的面相五行，所以我有許多遠從新加坡、馬來西亞、香港及澳洲來的客戶，當然更多是從高雄南部上來的，有緣千里來相見，

這何嘗不是一種難能可貴的緣分？

有很多客戶認為我跟一般命理師一樣，只要現場給我出生時辰我就可以立刻開始論命，殊不知印度占星是一門極為精細而複雜的命理術數，論命前必須事先做好準備工作，而且印度占星很多行星符號需要手寫，前置的準備作業頗為繁瑣，再加上綜合東西方命理交互參看，一般我準備加上諮詢的時間大約要 5 個鐘頭，這也是我無法一天諮詢超過兩個客戶的原因，甚至為了堅持論命的品質，我有時一天只面談一個客戶，在此也向等待我許久的客戶說聲抱歉！不過我相信這些等待都是值得的，因為我提供的是命主一生最完整的運勢，而且事後如果有不清楚的地方都可以隨時在 LINE 上發問。

命理師絕不能信口開河，必須對客戶與對自己負責

此外，我堅持用多種東西方不同命理交互參看，因為年輕時我也是個算命達人，幾乎哪裡有名師就去哪算，最後我發現單一一種命理很難算到一定的精準度，總是無法面面俱到，畢竟每種命理術數都有它殊勝的地方，但也會有批算不盡完美之處！於是我決定既然要從事這個工作，就應該要提供更全方位更完整的論命結果，於是我從沒停止學習，這也開啟我長達 15 年的研究命理之路。

例如曾經有位男客戶，看起來十分忠厚老實，一副「溫良恭儉讓」的樣子，他給我的時辰是下午 5：01 分，5：00 以前就是另一個時辰，甚至有的紫微門派對時辰制定的標準不同，因此唯有用印度占星來核對過去發生之事，方可得到最精確的出生時分，我推出他的印占在 4：58～5：01 分之間命盤沒變，倒是紫微命盤需要核對，雖然我還是寫了酉時的命書，但是一見他本人我內心就大喊不妙，他～他～他……的外型舉止神韻，實在不像（紫微天相）坐命的男人啊！

紫相的男人一生感情困擾頗多，而且翻起臉來幾乎六親不認，中年前都會有鬱鬱不得志的感覺！至於外型就更不像了，紫相男人長相大都十分俊美，風度翩翩，中年前身材瘦高，中年後容易發胖，所以異性緣也超旺，但婚姻之路卻十分坎坷，甚至可能會有多次婚姻…。

而眼前這個男人真是古意到不行，對照完他印占的運勢我更加確定他不是酉

時，而是申時出生，於是我立刻請他改日再來，讓我重新再寫一份命書，因為我覺得命理工作完全是個良心事業，不能收了錢就隨便亂算，既然有緣成為我的客戶，我就必須給他最精準的論命結果，畢竟客戶願意花錢並把出生時辰給你，就好像把命運之鎖交到你手上，身為命理師絕對不能信口開河，必須對客戶的信任負責！

這也一直是我所堅持的原則。我寧願少諮詢一個客戶，也不願別人的命盤在我手上寫錯一絲一毫…，當然也有很多在家中接生，只知道出生時辰的客戶要求論命，但是印占一小時就可能有 6、7 張不同的命盤，兩個小時更超過 10 張以上，核對起來十分費神，再加上客戶提供事件的時間點不一定十分精準，所以出生時間誤差超過一個小時我寧可不接，因為這樣的論命結果容易失真而不具參考價值。

有吉星自然就有凶星，命運不可能毫無瑕疵

另外也有個近適婚年齡的女生來找我，原本約星期六，但她印度占星 3：46 分和 3：47 分，僅僅一分之隔命盤就不一樣，所以我必須事先用 line 跟她核對過去一些重大事件，不過她剛好在忙，為了不讓她白跑一趟，只好將時間改成星期日，因為印占的大運流年流月十分精細，批算時必須非常專注於行星之間的映射與刑沖關係，當場批算既費時又容易有誤差，這也是我為什麼一定要採取預約制的原因，因為唯有事前準備工夫做好，現場論命時才能做到盡善盡美！

最近也有香港客戶來找我論命，因為香港很少老師算印度占星，大部分的命理師都以八字為主，所以當我用三種命理綜合精算時，他也覺得我確實給他太多寶貴的資訊！曾經有個客戶把我每年幫他批算流年流月的重點做成完整的備忘錄，我覺得很棒，至少可以隨時提醒自己該如何趨吉避凶，尤其一旦知道印占每年每月的運勢之後，我們就可以學著操縱命運，而不是被命運操縱，這其中最重要的就是先調整好自己的心態：逆境時逆向操作，順境時順勢而為。

其實知命並不是向命運屈服，而是學習和命運和平共處。我們要試著和生命中的低潮握手言和，而不是一味怨天尤人，自暴自棄，因為唯有挫折和困滯才是人生最好的老師，也是帶領我們勇敢衝出逆境的一盞明燈！！！！

唯有自己努力了，盡力了，才有資格說自己運氣不好，人生的起伏就像命盤上

的起起落落，有吉星自然就有凶星，有好運就會有弱運，沒有十全十美的命盤，更沒有盡善盡美的人生。

　　命運不可能毫無瑕疵，每個人都有每個人的罩門或死穴，也都有自己必須獨自面對的功課，我常跟客戶說：當你低潮脆弱時想哭就哭吧！流淚並不丟臉，怕的只是眼淚流乾之後，從此不再勇敢的向前奔跑⋯。

第 1 章

關於印度占星 精妙入門

印度占星著重於命主一生的命運走勢，
包括大運流年流月的吉凶起伏。

✦ Step 1 ✦

何謂印度占星，不可一知半解

> 發源於印度宗教聖典《吠陀經》的天文占星學知識，又稱為《吠陀占星學》，對於「計都」（Ketu）與「羅喉」（Rahu）這兩顆凶星的探討較西洋占星術更為廣泛。

　　印度占星術（Jyotish astrology）又稱之為「吠陀占星術」（Vedic Astrology）或是「古印度占星術」（Ancient Hindu Astrology），它是發源於印度宗教聖典《吠陀經》的天文占星學知識，因而又稱為《吠陀占星學》，而本占星學對於「計都」（Ketu）與「羅喉」（Rahu）這兩顆凶星的探討較西洋占星術更多；所以也是一門不同於今日廣泛流傳的西洋占星術體系的另一門占星術系統，它與西洋占星術不同之處在於印度占星主要是在預測命主會在哪個時間，哪一年，哪一月，甚至哪一日會發生哪些事件，因此印度占星著重於命主一生的命運走勢，包括大運流年流月的吉凶起伏；比較不涉及西洋占星對命主的個性與心理方面的探討。

偏重於事件的吉凶預測及運勢起伏

　　《吠陀》之意為（智識），在印度被視為一門很科學性的占星術數，能教導人類領略宇宙的奧妙與玄機，乃是古代聖人先知經由上天啟發所獲得的神聖學問，至今仍被視為吠陀的六大知識之一。印度占星偏重於事件的吉凶預測及運勢起伏，和西洋占星相較，因其論斷方式特別精細，命主必須提供正確的出生時分和出生地經緯度，所推斷出的結果不論是過去現在未來的運勢都會十分吻合，其準確度高達八成以上，這已經是我最保守的推測，因為我始終認為不論是用何種命理術數來論命，命運的藍圖至少有部分是你我的意志力可以決定的。

需要的數據更為精細

印度占星（以下簡稱印占）因為必須算到幾點幾分出生，而且行星落點可能 3 ～ 15 分就會變盤，所以命主必須要有十分正確的出生時分，再搭配出生地點經緯度，也就是說，即便同一出生時間，台北出生或高雄出生命盤都會有異，所以如果是台灣出生跟大陸、香港、新加坡、美國任何一州出生的命盤都不會一樣，命運自然迥然不同…，如此一來印占算出來每個人的大運流年流月運勢自然十分精準，而且獨一無二。

相較於中國的紫微斗數和八字，只需要提供命主的出生時辰（以兩個小時為一時辰）便能論命，印占因為需要的數據更為精細，所以在論斷運勢時自然可以提供命主更多更詳細的蛛絲馬跡，不過因為印占偏重在命主一生運勢的吉凶趨避，而中國的紫微斗數博大精深，則可以詳論富貴窮通等格局及每個宮位，例如外貌、性格、夫妻宮、官祿宮等等不同的特質，所以我論命時都會以印度占星搭配紫微斗數一同參看，中西合併方能截長補短，因為每種命理術數都有它十分殊勝之處，當然也會有其不足之處，而且只要老師功力夠所批算出來的結論也都異曲同工，如此方能真正體現出一個人一生最為完整、精微的命運走勢。

精確時甚而可推算至幾分幾秒出生

因此，客戶若不清楚正確時分，則必須逐一核對命主過去所發生的大事時間點來反推命主正確的出生時分，因為印占兩個小時命盤可能多達 10 幾張，核對起來十分費神，最精確時甚至可以推算至幾分幾秒出生，接下來我會用許多實際案例來加以證明。所以在預約論命前我都會建議客戶先至出生地戶政事務所查出生證明，或先打電話去問，據悉從去年開始戶政事務所查出生證明已經可以全省連線，那時我常心中暗自竊喜，是否因為來算印占的客戶越來越多，也讓大家開始重視出生時呱呱墜地的那一張紙？更不知戶政事務所的工作人員是否會納悶～為何這幾年來有那麼多的人來索取以前不太被重視的出生證明？

也可算出幾個生命關

　　不過印占只要一經核對時分正確無誤，包括命主的實際性格及往後的流年流月大運皆會十分精準，例如何時有姻緣桃花；何時會置產；何時會賣房；何時婚姻會出問題或失戀；何時會賺錢；何時事業大旺；何時會破財；何時適合投資合夥；何時會有血光、車關；何時身體會出問題；要注意身體什麼樣的疾病；以及適不適合遷移或往海外發展；或子女運勢及何時有貴人小人都一覽無遺，甚至包括何時會懷孕或人一生中會有幾個生命關都推算得出來。

✦ Step 2 ✦

認識星座，一生相隨

> 星座歸屬與每個人的身體特徵、病症、職業、事物，多少有些關聯。

行星名詞簡表

序號	星座名稱	英文名稱	簡稱	符號	梵文
1	牡羊座	Aries	Ar	♈	Mesha
2	金牛座	Taurus	Ta	♉	Vrishabha
3	雙子座	Gemini	Ge	♊	Mithuna
4	巨蟹座	Cancer	Ca	♋	Kataka
5	獅子座	Leo	Le	♌	Simha
6	處女座	Virgo	Vi	♍	Kanya
7	天秤座	Libra	Li	♎	Thula
8	天蠍座	Scorpio	Sc	♏	Vrishika
9	射手座	Sagittarius	Sg	♐	Dhanus
10	魔羯座	Capricorn	Cp	♑	Makara
11	寶瓶座	Aquarius	Aq	♒	Kumbha
12	雙魚座	Pisces	Pi	♓	Meena

 牡羊座／或有頭部的慢性病

1. 太陽迴歸期間：
   約國曆 3/21 ～ 4/20
2. 純質料：熱、乾
3. 白天或夜間：白天星座
4. 三方：火象星座

5. 四正：啟動星座
6. 星座主星：火星
7. 數字：9、13
8. 身體部分：頭部、臉、眼睛、腦部
9. 金屬：鐵（鋼）

10. 顏色：紅色系
11. 方向：東方
12. 場所：伙房、乾燥地方、磚窯、新開墾地
13. 寶石：紅寶石、鑽石、水晶、雞血石、瑪瑙
14. 器具：尖銳物品、軍需品、手槍、手工具
15. 動物：羊、狼、麋鹿

A：身體特徵

1. 中等身材稍高，瘦而略向前傾、頸長、肩膀寬強、手指薄且短。
2. 頭圓臉長而頰瘦、上唇略長、下唇薄且短。
3. 髮色紅或黃紅、棕色有時非常黑，硬直或髮捲而曲。
4. 眉毛濃密而黑。
5. 鼻子薄而彎曲。
6. 牙齒白而強壯。

B：可能疾病

所有有關頭部的慢性病，特別是頭痛、偏頭痛、頭部受傷、熱病、發炎、發燒、猩紅熱、天花水痘、粉刺面皰、割傷、燒傷、燙傷、腦炎、腦中風、角膜炎、視網膜病變、眼睛發黃、視力受損。

其他相關事項

人：軍人、鐵匠、修理技工、鼓動者、喧鬧者、機械製造者、屠夫、冒險家、先驅者、外科醫生、拓荒者、優異者、領導者。

事：救火、進行外科手術、燒飯作菜、烤麵包…與火有關。

物：與火有關製品，消防器材、爐灶、壁爐、尖銳修理工具、烤箱、電磁爐、鐵器、外科手術用具、切割利器、瓦斯筒。

 金牛座／有可能是銀行家

1. 太陽迴歸期間：
   約國曆 4/21 ～ 5/20
2. 純質料：乾、冷
3. 白天或夜間：夜間星座
4. 三方：土象星座
5. 四正：固定星座
6. 星座主星：金星♀
7. 數字：6、14
8. 身體部分：頸部、喉嚨、食道、聲帶、甲狀腺
9. 金屬：銅
10. 顏色：柔和溫潤色調，奶油色、淡黃色
11. 方向：南偏東
12. 場所：庭院、金融機構、牛舍、田地、地窖
13. 寶石：翡翠、玉、瑪瑙
14. 器具：樂器、珠寶箱、外在飾物、耳環
15. 動物：牛、豬

A：身體特徵

1. 中等身材稍矮，厚重方型、短而強

的頸、肩、稍彎背、手腳寬厚。

2. 頭圓或方、寬與肩搭配良好、臉方前額較寬、唇厚嘴闊。

3. 髮黑、曲而波狀、茂密。

4. 眼睛棕或黑、大而圓、眼瞼重、稍低、給人想睡覺之感覺。

5. 鼻挺、鼻孔通長較厚。

B：可能疾病

甲狀腺機能亢進或減退、咽喉炎、扁桃腺腫大、發炎、感冒咳嗽、聲音嘶啞、聲帶發炎、頸部不適、暈眩、口吃、語言障礙。

其他相關事項

人：畜牧者、資本家、財政管理者、銀行家、會計出納、音樂家、藝術家、歌手演唱者、鋼琴師、皮革藝術家、珠寶商。

事：藝術、音樂、商業、財產、理財、借貸。

物：美麗禮物、飾物、保險箱、存摺、支票簿、美食、牛排、證券、金錢、寶石、貴重石頭。

 雙子座／幸運數字 5、17

1. 太陽迴歸期間：
   約國曆 5/21 ～ 6/20

2. 純質料：熱和濕

3. 白天或夜間：白天星座

4. 三方：風象星座

5. 四正：變動星座

6. 星座主星：水星

7. 數字：5、17

8. 身體部分：肩部、手臂、肺部、支氣管、神經系統

9. 金屬：水銀

10. 顏色：黃色系列

11. 方向：西偏南

12. 場所：學校、教育機構、電台、停車、馬路

13. 寶石：水晶、綠玉、斑紋石頭

14. 器具：各種交通工具、圖書、海報

15. 動物：小鳥、猴子

A：身體特徵

1. 高而直立、單薄細長、手腳長、胸窄、肩有時傾斜、手指藝術型。

2. 頭長而窄、臉長、寬而聰明的額頭、耳小、唇薄稍寬。

3. 髮直、軟而棕色或黑。

4. 眼睛通常明亮富有表情的、視力佳。

5. 鼻子直長或如鳥之鉤。

B：可能疾病

肩胛骨傷痛、手臂傷痛、肺結核、肺功能不佳、支氣管炎、百日咳、肺氣腫、哮喘、肺炎、神經失調、失神、失憶、神經緊張或過敏、呼吸系統之諸項疾病。

其他相關事項

人：兄弟姊妹、親戚、鄰人、傳達消息

者、知識分子、演說者、旅客、訪問者、寄信人、書店老闆、司機、郵局員工、記者、文人。

事：廣播、新聞報導、情報資訊、文書

檔案、電話、寫作能力、流言斐語、旅遊、心智活動。

物：信件、交通工具、出版物、書籍、雜誌與無線電相關之物品。

 ## 巨蟹座／注意胸腔、消化器官問題

1. 太陽迴歸期間：
   約國曆 6/21 ～ 7/20
2. 純質料：冷和濕
3. 白天或夜間：夜間星座
4. 三方：水象星座
5. 四正：啟動星座
6. 星座主星：月亮
7. 數字：2、18
8. 身體部分：胃部、胸腔、消化器官、膽囊、卵巢
9. 金屬：白銀
10. 顏色：銀藍色、灰藍色
11. 方向：北方
12. 場所：餐廳、家裡廚房、旅館、水邊、起居室
13. 寶石：珍珠、月石、石英
14. 器具：家庭日常生活用品、麵包、米食、古董
15. 動物：甲殼類動物、螃蟹、蝦子

A：身體特徵

1. 兩種型態，高而苗條或短而矮胖，後者居多，身體圓頭重腳輕，水樣外觀，豐胸，手臂可能細長而手掌及手指短而多肉。
2. 頭圓，臉長而窄或臉圓，頰下垂，嘴大。
3. 髮棕亮，金黃棕或較無色澤。
4. 眼睛大而水樣，眼瞼有些下垂。
5. 鼻子短，牙齒不齊。

B：可能疾病

胃炎、胃病、胃潰瘍、胃黏膜炎、幽門病變、反胃、暈船、消化系統疾病、女性乳房腫痛、乳癌、卵巢病變、膽囊炎、膽汁分泌障礙、膽結石、肋膜炎、橫隔膜炎、焦慮症、憂鬱症。

其他相關事項

人：母親、奶媽、保護者、房地產經紀人、房屋持有人、旅館所有人、收藏家、餐廳所有人、飲食供應商、女管家、飲食店業者。

事：歷史、家族記憶、母性光輝、溫情記事、與土地、房地產相關之事。

物：土地、房屋、不動產、與水相關事物、用品、器具，與家庭相關之用品器具。

獅子座／中高、寬肩，容貌尊貴

1. 太陽迴歸期間：
   約國曆 7/21 ～ 8/20
2. 純質料：熱和乾
3. 白天或夜間：白天星座
4. 三方：火象星座
5. 四正：固定星座
6. 星座主星：太陽
7. 數字：1、19
8. 身體部分：心臟、脊椎、背部、心包絡、血液循環
9. 金屬：黃金
10. 顏色：金黃色，耀眼系列之色調
11. 方向：東偏北
12. 場所：宴會、舞廳、賭場、娛樂場所、公園
13. 寶石：紅寶石、琥珀、貓眼石
14. 器具：賭具、黃金飾品、娛樂器具、值錢物品
15. 動物：獅子、貓科動物

A：身體特徵

1. 中高或高，強壯而寬的肩膀，尊貴的容貌，骨頭大肌肉強，背部壯，手大，手指指甲月型。
2. 頭大而圓，直立，臉圓，嘴唇良好整合。
3. 髮亮，茶褐，有些波浪若有火星易頭。
4. 眼睛亮而耀眼，偶而側視。
5. 不留空隙，鼻子小較直挺，鼻翼大，牙齒大而強。

B：可能疾病

心律不整、心臟病、心絞痛、心臟衰竭、心悸、背部痠痛、脊椎硬化、佝僂彎曲、中風、血液循環疾病、高血壓、膽固醇偏高、血管阻礙。

其他相關事項

人：主席、監督者、元首、總理、父親、董事長、政治家、泰斗、顯要、馴獸師、電影創作者、證券交易商、賭徒、投機者、享樂者。

事：證券交易、娛樂活動、賭博、運動、王權父權、創作才華。

物：王冠、寶座、火爐、紙牌、遊戲機、打火機、珠寶。

處女座／適宜綠、暗棕色

1. 太陽迴歸期間：
   約國曆 8/21 ～ 9/20
2. 純質料：乾和冷
3. 白天或夜間：夜間星座
4. 三方：土象星座
5. 四正：變動星座
6. 星座主星：水星
7. 數字：5、2

8. 身體部分：大腸、小腸、十二指腸、腹部、交感神經系統
9. 金屬：水銀、鎳
10. 顏色：綠、暗棕色
11. 方向：西偏南
12. 場所：工作場所、服務機構、衛生所、乾淨整潔地方、圖書館
13. 寶石：藍寶石、黃玉、打火石
14. 器具：衛生設備、營養品、文件檔案、清潔品
15. 動物：寵物式動物

A：身體特徵

1. 中高而稍單薄通常瘦、整潔、清爽，肩膀常是寬的。
2. 頭不大，臉稍圓，前額較高，嘴唇薄、小巧，有時下唇稍凸。
3. 髮黑亮。

4. 眼睛黑而清澈。
5. 鼻子薄而直，鼻翼易動。

B：可能疾病

腸阻塞、腸中風、腹部絞痛、十二指腸潰瘍、胃腸乳糜系統疾病、盲腸炎、腹膜炎、痢疾腹瀉、秘結、疝氣、營養失調及不良、憂鬱症、神經緊張、手冒汗。

其他相關事項

人： 護士、服務員、勞動、與政府服務有關人員、醫生、衛生人員、獸醫、批評者、吹毛求疵者、佣人、部屬、處女、秘書、侍者。

事： 衛生事務、營養學、速記學、編輯、勞工事務、慈善事務、失業救濟。

物： 營養品、滋養品、菜單、寵物、木廚櫃家具、衛生設備用品、急救用品、乾酪、奶製品。

 天秤座／適合公關、藝術事務

1. 太陽迴歸期間：
   約國曆 9/21 ～ 10/20
2. 純質料：熱和濕
3. 白天或夜間：白天星座
4. 三方：風象星座
5. 四正：啟動星座
6. 星座主星：金星
7. 數字：6、3
8. 身體部分：腎臟、腎上腺、膀胱、輸尿管、腰部脊椎
9. 金屬：銅
10. 顏色：綠色、淡藍色

11. 方向：西方
12. 場所：美術館、法院、戀愛場所、清新舒適地方
13. 寶石：鑽石、珊瑚
14. 器具：合同、契約、美容用品、流行服飾
15. 動物：鴿子

A：身體特徵

1. 高大、薄而輕盈，但晚年則結實，常讓人感覺美麗或均勻，手腳小但圓，手指短但指甲型狀漂亮。
2. 頭小，稍圓，比例均勻，臉圓，唇

型狀美、優雅，頰型狀佳。
3. 髮常棕黑、平滑。
4. 眼睛型態看起來敏銳的。
5. 鼻子挺而直，牙齒整齊、小。

B：可能疾病
腰痛，腎臟功能失調，膀胱結石、腎結石、尿蛋白失衡、腎盂炎、腎衰竭、糖尿病、尿毒症、腎上腺功能亢進、腰部脊椎病變、扭傷、腰痠。

其他相關事項
人：斡旋者、談判者、法官、仲裁者、和平主義者、藝術設計家、合夥人、配偶、美容化妝師、美髮設計者、來賓、外交官。

事：公關事務、婚姻、商業合夥、社交活動、交涉、折衝、訴訟、藝術事務、同盟、契約、愛情。

物：藝術品、鋼琴、化妝品、磅秤、圖畫、花卉、時尚用品、室內外裝潢設計用品、珠寶盒。

 天蠍座／可選擇雞血石、碧玉

1. 太陽迴歸期間：
   約國曆 10/21 ～ 11/20
2. 純質料：冷和濕
3. 白天或夜間：夜間星座
4. 三方：水象星座
5. 四正：固定星座
6. 星座主星：火星、冥王星
7. 數字：0、9、4
8. 身體部分：生殖器官、子宮、卵巢、攝護腺、肛門、直腸
9. 金屬：鋼、鐵
10. 顏色：深紅、茶色
11. 方向：北偏東
12. 場所：廢墟、垃圾場、性交易場所、喪葬公司、惡臭淤塞池塘
13. 寶石：雞血石、碧玉、天然磁石
14. 器具：保險套、廢棄物、秘密文件
15. 動物：爬蟲類動物

A：身體特徵
1. 中高或稍低，厚重、方型結實，若較高時，背會略為彎曲，手骨頭強，手指頭方而略尖。
2. 頭方面寬嘴大，前額較低，太陽穴厚。
3. 髮黑波狀而曲、粗鄙。
4. 眼睛黑而凝視，甚至逼人，眉毛較亂。
5. 鼻子彎曲，牙齒強。

B：可能疾病
任何生殖器官病變、性病、子宮肌瘤、卵巢、月經不順、睪丸炎、攝護腺腫大、排尿不順、肛門直腸病變、痔瘡、痔疾。

其他相關事項
人：心理學家、間諜、偵察員、婦產科、花柳科醫生、保險、稅務人員、犯罪者、強姦犯、靈媒與喪葬有關人員、

陰謀者、驗屍官。

事：生死事務、保險、稅務事務、秘密陰謀事、債務、遺產、合夥金錢事務或配偶財產事務、性、地下經濟、組織。

物：下水道、汙物、排泄物、廢物垃圾、秘密資料。

 射手座／方向盡量朝往東偏南

1. 太陽迴歸期間：
   約國曆 11/21 ～ 12/20
2. 純質料：熱和乾
3. 白天或夜間：白天星座
4. 三方：火象星座
5. 四正：變動星座
6. 星座主星：木星
7. 數字：3、7
8. 身體部分：肝臟、尾部脊椎、坐骨神經、臀部
9. 金屬：錫
10. 顏色：寶藍色、紫色
11. 方向：東偏南
12. 場所：運動場射箭場、賽馬地、教堂、法院
13. 寶石：紫玉、紫水晶
14. 器具：泊來品、外國書籍、運動器材、哲學刊物
15. 動物：馬

A：身體特徵

1. 高大，稍瘦，但尚均勻，運動型、活潑，手腳皆長、頸長、肩寬。
2. 頭寬闊，臉橢圓，但長、窄，前額稍寬。
3. 髮棕黑或茶色，有些曲。
4. 眼睛明亮，眉毛搭配佳。
5. 鼻子長而薄直，有時有些彎曲。

B：可能疾病

肝功能失調，肝臟疾病、肝昏迷，骨刺、坐骨神經病變、臀部痠痛。

其他相關事項

人：教育家、哲學家、學問淵博者、宗教家、四處旅遊者、國外代理人、機長、空中運輸有關人員、運動員、博愛主義者、探險者。

事：與教育、宗教、哲學相關事務，國外、長程旅遊事務、探險事務、法律、知識出版品、國外廣告。

物：運動設備、器具、箭矢、馬、出版品、哲學、宗教書籍、關稅表。

魔羯座／注意骨骼系統病變

1. 太陽迴歸期間：
   約國曆 12/21 ～ 1/20
2. 純質料：乾和冷
3. 白天或夜間：夜間星座
4. 三方：土象星座
5. 四正：啟動星座
6. 星座主星：土星
7. 數字：8
8. 身體部分：骨骼系統、膝蓋、牙齒、皮膚、關節
9. 金屬：鉛
10. 顏色：暗綠、深褐色、灰黑色
11. 方向：南方
12. 場所：公司、地下室、礦場、墓地、建築工地
13. 寶石：花崗石、土耳其玉、石灰石
14. 器具：老舊物品、皮革製品、農具、礦物
15. 動物：有趾蹄動物

A：身體特徵

1. 中高或稍低，骨骼強而明顯或薄而硬，胸部弱，肩傾斜，頸弱手足皆弱。
2. 頭小，臉薄，常憂慮樣，薄而固定的唇。
3. 髮黑而暗。
4. 眼睛黑而清澈。
5. 鼻子長，但內部彎曲，牙齒不佳。

B：可能疾病

骨骼系統病變、痛風、風濕症、硬化症、脫臼、小兒麻痺、癱瘓、牙齒痛、牙齒神經痛、濕症、白癬、乾癬…等皮膚病變，膝蓋痠痛、關節炎，憂鬱症。

其他相關事項

人：企業主、實業家、政治家、土地交易商、泥水匠、建築師及工人、煤礦業主及工人、節儉的人、老人、墓園有關人員、陶藝有關人員。

事：政治運作、不動產事務、企業經營與組織、礦採、水泥等事務、墓園事項。

物：房地產、園藝、墓園工具、挖礦工具、磚瓦、水泥、陶器、骨灰、棺材。

 寶瓶座／理想主義者

1. 太陽迴歸期間：
   約國曆 1/21 ～ 2/20
2. 純質料：熱和濕
3. 白天或夜間：白天星座
4. 三方：風象星座
5. 四正：固定星座
6. 星座主星：土星、天王星
7. 數字：4、8、9
8. 身體部分：小腿、腳踝、脛骨、下半身血液循環

9. 金屬：鋁

10. 顏色：水藍色、天藍色

11. 方向：西偏北

12. 場所：電腦公司、演講聚眾、交誼廳、國會、爆炸場所、革命叛變地區

13. 寶石：藍寶石、黑珍珠

14. 器具：照相器材、電子產品

15. 動物：會飛大鳥、群體移動之鳥

A：身體特徵

1. 中高或較高，看起來剛毅，方型樣式。

2. 頭有些低垂，臉圓或長，有些肌肉，嘴大，笑時露牙齒。

3. 髮黑但易灰白，微曲。

4. 鼻子直，但常有些彎曲。

5. 牙齒不佳。

B：可能疾病

腳踝、脛骨傷痛、小腿抽筋、痙攣、靜脈瘤、下半身血液循環不佳、手腳冰冷、畏寒、神經ㄅ夕甚至短路、神經錯亂或腦神經衰弱。

其他相關事項

人：理想主義者、占星家、電子科技業者、革命家、天文學家、國會議員、朋友、團體會員、同事、神經專家、環保專家。

事：發明創新事務、科技研究、電子、電腦相關事務、天文、占星學事務、社會福利事務、環保社會意識事務。

物：電磁波、電力、X光、無線電、立體音響、相關電子、電腦等科技產品、創新發明品。

 雙魚座／具藝術才華直覺

1. 太陽迴歸期間：
   約國曆 2/21 ～ 3/20

2. 純質料：冷和濕

3. 白天或夜間：夜間星座

4. 三方：水象星座

5. 四正：變動星座

6. 星座主星：木星、海王星

7. 數字：7、12

8. 身體部分：腳趾、淋巴腺系統、體內各種組織液

9. 金屬：鉑

10. 顏色：柔和的海洋綠、略微陰暗色度

11. 方向：北偏西

12. 場所：醫院、監獄、救濟院、水族館、油井、水邊、沼澤地

13. 寶石：象牙、水晶、綠玉

14. 器具：鎮定劑、酒、石油製品、漁具

15. 動物：水中動物、魚

A：身體特徵

1. 中高或稍低，笨重或有些肌肉，骨頭弱、胸窄，肩厚而圓，脊骨有些彎。

2. 頭大而寬向前垂，臉圓而多肉，嘴大且唇滿，低而寬前額。

3. 髮黑柔軟。好而滿。
4. 眼睛薄。
5. 鼻子短而寬，牙齒小有些像貝，或不整。

B：可能疾病

腳趾傷痛、變形、腳氣病、長雞眼、體肉組織液病變、淋巴腺病變，酒精中毒、夢遊症、妄想症、酗酒、吸毒、難以診斷之疾病、遺傳性疾病、睡眠障礙、對酒精藥物過敏、鬼神附身、走火入魔。

其他相關事項

人：化學工程、醫院工作者、監獄工作者、開採石油人員與海洋事務有關人員、神秘靈媒、藝術家、預言家、囚犯、入監者、漁夫、秘密敵人、醉漢、吸毒者。

事：秘密事項、走私毒品、偵察事務與海洋有關事項、隱居、囚禁、藝術才華直覺。

物：石油、酒精、毒品、鴉片、麻醉藥物、藝術品與水相關物品、漁獲、魚網、含酒精飲料。

✦ Step 3 ✦

行星的意義

行星名詞簡表				
序號	行星名稱	英文名稱	梵文	簡稱	符號
1	太陽	Sun	Surya Ravi	Su	☉
2	月亮	Moon	Chandra	Mn	☽
3	水星	Mercury	Budha	Me	☿
4	金星	Venus	Sukra	Ve	♀
5	火星	Mars	Kuja , Mangala	Ma	♂
6	木星	Jupiter	Guru , Brihaspati	Ju	♃
7	土星	Saturn	Shani	Sa	♄
8	羅喉	Moon N. Node	Rahu	Ra	☊
9	計都	Moon S. Node	Ketu	Ke	☋

◎行星：太陽（Su）

性質：吉

星期代表：星期日

行星期間：星期日日升後第 1 及第 8 個時辰，和以下晚上的第 3 和第 10 個時辰

陰或陽：陽性行星

行星期間：實歲 23 ～ 41 歲共 19 年

人：國王、元首、總統、父親、丈夫、尊貴的人、雇主、老闆、領導者、演員、導演

事：英雄事蹟、娛樂事務、政治

物：勳章、褒揚令

器官：背部、心臟、男性右眼、女性左眼、血液、循環系統、動脈、身體右側

疾病：心臟病、高低血壓、背部疼痛、視力差、眼病、發燒發炎、視力不佳

地點：舞台、政府機構、宴會廳、娛樂場所、賭場

顏色：金黃色、鍍金色、紅、紫

金屬：黃金、鑽金、黃玉、紅寶石

動物：獅子、老鷹、隼、公雞、孔雀

植物：稻米、向日葵、番紅花、甘菊、肉桂、杜松屬、金盞草、芳香植物

顏色：銀灰色、白色、淡青藍、乳白色

金屬：貓眼石、月長石、珍珠、水晶、銀鋁、透明石膏

動物：青蛙、大兔、夜鷹、鸚鵡、天鵝、螃蟹、甲殼類水中物

植物：甘藍菜、甜瓜、胡瓜、南瓜藤、菊萵苣、香菇、水田芥、百合花

◎行星：月亮（Mo）

性質：吉

星期代表：星期一

行星期間：星期一日升後第 1 及第 8 個時辰，及以下夜晚的第 3 和第 10 個時辰

陰或陽：陰性行星

行星期間：實歲 4 歲前（含）

人：人民、母親、妻子、女主人、助產士

事：食慾、大眾之事、繁殖力、懷孕、生產

物：土地、不動產、日常家居用品、食品雜貨

器官：胃、腹部、胸部、身體左側、子宮卵巢、周期性、月經、男性左眼、女性右眼

疾病：上述器官之病變、經神不正常、食慾不振、貧血症、視力不佳

地點：住家、田園、水族館、旅舍、餐廳、近水、船泊

◎行星：水星（Me）

性質：中

星期代表：星期三

行星期間：星期三日升後第 1 及第 8 個時辰，以後晚上的第 3 個時辰和第 10 個時辰

陰或陽：陰性行星

行星期間：實歲 5 ～ 14 歲，共 10 年

人：作家、編輯者、演說家、教師、思想家、出版商、郵政人員、發言人、推銷員、手足、鄰居

事：智力測驗、出版、演講、廣播、初中級教育、短期旅行、信息、溝通、運輸

物：書籍、出版刊物、郵票、契約、文書、交通工具、海報

器官：手臂、肺部、支氣管、右腦、耳朵、語言器官、神經系統

疾病：神經質或衰弱、肺部相關疾病、

支氣管炎、手臂傷痛、失眠、耳疾

地點：學校、郵局、圖書館、出版社

顏色：金屬藍、海藍色、鉛色、多色

金屬：瑪瑙、大理石、海藍色寶石、水銀、玻璃

動物：無尾猿、狐狸、大蛇、蜜蜂

植物：薰衣草、杜鵑花、桃金孃、茴香、胡蘿蔔、香菜、荷雨芹

地點：銀行、美術館、音樂廳、服飾店

顏色：淡褐色、和所有清淡顏色、綠、淡黃

金屬：紅寶石、珍珠、銅、青玉、硫磺、琥珀、翡翠

動物：松雞、火雞、鷓鴣、鴿

植物：玫瑰、芳香植物、醋栗樹、薄荷、杏樹、水仙花、櫻桃

◎行星：金星（Ve）

性質：吉

星期代表：星期五

行星期間：星期五日升後的第 1 及第 8 個時辰，以後晚上的第 3 個時辰和第 10 個時辰

陰或陽：陰性行星

行星期間：實歲 15 ～ 22 歲，共 8 年

人：資本家、銀行員、金主、藝術美術家、美食家、音樂家

事：跳舞、唱歌、美食、娛樂、歡愉、愛情、慶典、婚姻、合夥、韻事、協調、金錢借貸

物：圖畫、藝術品、珠寶、玩具、服飾、化妝品、園藝、銅幣、支票、借據

器官：喉嚨、腎、膀胱、靜脈、頸部

疾病：扁桃腺腫、甲狀線機能病變、腎、膀胱等分泌系統諸疾

◎行星：火星（Ma）

性質：凶

星期代表：星期二

行星期間：星期二日升之後第 1 及第 8 個時辰，和以後晚上第 3 個時辰和第 8 個時辰

陰或陽：陽性行星

行星期間：實歲 42 ～ 56 歲，共 15 年

人：軍人、外科醫生、修理匠、冶金人、屠夫、工程師、凶手、田徑運動員、理髮師

事：屠殺事件、戰爭、性慾、火災、意外災難、犯罪、外科手術

物：鐵器、武器、尖銳工具、火製品、切割用具

器官：頭部、肌肉、紅血球、膽汁、生殖系統

疾病：發炎、發燒、手術開刀、溢血、

出血、燒傷、燙傷

地點：外科醫院、修理工具屋、爐冶、爐灶、戰區、火災區

顏色：紅色、深紅色、紫紅色、深紫色、胭脂紅

金屬：雞血石、鋼、鐵、孔雀石、打火石、天然磁石

動物：公羊、野豬、馬、老虎、野狼

植物：胡椒末、生薑、蘿蔔、洋蔥、大蒜、芥末、胡荽、九層塔、雪茄、薊

◎行星：木星（Ju）

性質：最吉

星期代表：星期四

行星期間：星期四日升後的第 1 及第 8 個時辰和以後晚上的第 3 組和第 8 個時辰

陰或陽：陽性行星

行星期間：實歲 57 ～ 68 歲，共 12 年

人：聖人、哲學家、大學教授、法官、律師、金融財政首長、外交官、主教、愛國者

事：高等教育、經神道德、智慧、宗教、國外、旅遊、異國文化、信仰、幸運、擴展、愛國

物：箭、國外物品

器官：肋骨、肝臟、動脈、臀部、坐骨神經、胰臟

疾病：代謝功能不佳，上述器官諸疾

地點：教堂、大學、法律事務所、法庭

顏色：深紫色、深藍色、藍紫色、紫靛色

金屬：紫水晶、黃玉、綠松石、錫

動物：大象、鹿、公牛

植物：蘆筍栗、丁香、荳蔻樹、葡萄乾、法國菊、橡樹、甜菜、草莓

◎行星：土星（Sa）

性質：最凶

星期代表：星期六

行星期間：星期六日升後第 1 和第 8 個時辰，和以後晚上之第 3 個和第 8 個時辰

陰或陽：陰性行星

行星期間：實歲 69 歲～壽終

人：建築師、實業家、泥水匠、土地仲介者、老人、陶藝人員、守墓人、採煤工

事：不動產事務、政治、死葬

物：磚瓦、泥製品、陶器、挖礦工具、骨灰、棺材

器官：關節、骨骼系統、牙齒、脾臟、腳、皮膚、外表組織

疾病：關節疼痛、骨折、牙齒痛、腳踝傷痛、各種結石、風濕、小兒痲痺、皮

膚差

地點：礦坑、墳地、地下室、建築工地

顏色：灰、黑、暗棕、褐色

金屬：一般礦物、黑曜石、煤、鉛

動物：熊、駱駝、夜間動物、蒼鷺、駝鳥、甲蟲

植物：毒胡蘿蔔、龍葵、蛺那葉、大麻、菠菜、榆樹

◎行星：計都（Ke）

禁欲、苦行、遺世獨立、凶禍，自然療法、飲食療法、身心靈的解脫、低調、行星的力量、貓眼石、綠寶石。

◎行星：羅喉（Ra）

對世俗的慾求不滿、暴利，愚蠢、懶惰、滿足感、喜悅感、凶禍，無知、瑪瑙。

行星的部分主管事項

太陽：

權威、公務（政府事務）、生命力、健康、成功、男人、卓越的人、長者、雇用者、行政主管、光明、權力、自我、值得信賴的人、35 ~ 40 歲的男人。

月亮：

母親、女性、大眾、心情、波動、變動、感覺、感受、液體、易變的逃亡、短期旅行、撤退、丟失物品、有關液體或海洋的事務。

水星：

文章、溝通、交通、書籍、信件、訊息、問題、買賣、契約、交易、旅行、旅遊鄰居、文藝或智力的活動、年輕人、學生、辦公室職員、秘書、售貨員、交易員騙子。

金星：

（次吉星）、愛情、禮品、金錢、和諧、同盟、人際關係、婚姻、價值、資源、可移動貨品、丟失物品、社交事項、年輕女人、母親、愉快、藝術、奢侈品。

火星：

（次凶星）、性、戰爭、依略、精力、草率、戰鬥、屠夫、外科醫生、切割、獨斷、領導、武器、槍、鐵器、意外、爭吵、危險、傷害、25 ~ 35 歲的男人。

木星：

（最大吉星）、擴展、好運、幸福、高等教育、豐富、長程旅行、預言、賭博、成功、行家、財富、律師、法官、馬、外國人、中年男人。

土星：

（最大凶星）、困難、限制、喪失、阻礙、低沉、跌落、嚴肅、堅硬、延遲、成熟、老年人、負債、貧窮、不動產、建築、整停、不活潑、樸素、苦難、業障、死亡、孤獨、獨居的人、父親。

南交點（Ke），北交點（Ra）：（點、非行星）、金錢、收入、職業、遺失物品、好運、財產、寶藏。

✦ Step 5 ✦

宮位的意義

第一宮：

詢問者自己、健康、壽命、詢問者的身體特徵、頭部、外觀、氣質、個性、（人格）、開始、個人興趣、進取心、意志力、情緒起伏，嬰幼兒期。

第二宮：

財產、金錢，資源、可移動物品、遺失物品、收入、價值、個人財物財產潛在的財富或貧窮。

第三宮：

溝通、新聞、兄弟姊妹、鄰人、鄰居、血緣近、或親戚、堂兄弟姊妹、拜訪、短程旅行、研究、寫作、信件、訊息、教師、血光意外。

第四宮：

母親、田宅、不動產、汽車、家、家庭、土地、建築物、非移動物品、考試、讀書宮、祖先、老年、較老的人、墳墓。

第五宮：

孩子、子女，自我表現的才能、習慣、投機、賭博、樂透（Lotto）、股東、風險、刺激、競爭、選舉、娛樂、消遣、桃花、消遣的性、羅曼史、懷孕、愉悅、宴會、偏財運。

第六宮：

工作態度、疾病、生病、一起工作的人寵物、小動物（大至山羊）、僕役、受雇用者、服務、申請、投宿者、承租人、每日工作。

第七宮：

夫妻、配偶、戀愛、合夥夥伴、重要的他人、反對者、競爭者、公開敵人、詢問者的占星師、任何私人諮詢者或顧問、離婚、法律案件、法律契約和協定、與大眾有關。

第八宮：

死亡、壽命、慢性疾病、性關係、生殖系統、性病、血光意外、身心靈狀況、個人的潛意識。

第九宮：

長途的旅行或遷移、外國和外國人、法律、高等教育、宗教、哲學、信仰、心靈導師、預言、預測、卜卦占星學、神聖、出外的夢想和願景。

第十宮：

父親、權威、優勝者、老闆、政府、職業、雇用者、主管、元首、總統、名譽、聲望、地位、世俗的權力、權威人士、名人、政府官員、地位、成功、成就、信用、聲譽。

第十一宮：

朋友、團體、俱樂部、社交、諮詢、人情關係、血光意外、貴人、小人，一般的泛泛之交，投資運。

第十二宮：

神秘宮，遠方、海外、遺傳性疾病、監禁、牢獄、束縛、被關的人、俘虜、奴隸、限制、害怕、懲罰、自我毀滅、藥品和酒精。

✦ Step 6 ✦
行星的廟旺落陷

No	行星名稱	入旺	入廟	落陷	相害	入廟	休囚
1	太陽	獅子		寶瓶		牡羊	天秤
2	月亮	巨蟹		魔羯		金牛	天蠍
3	水星	雙子	處女	射手	雙魚	寶瓶	獅子
4	金星	金牛	天秤	天蠍	牡羊	雙魚	處女
5	火星	牡羊	天蠍	天秤	金牛	魔羯	巨蟹
6	木星	射手	雙魚	雙子	處女	巨蟹	魔羯
7	土星	魔羯	寶瓶	巨蟹	獅子	天秤	牡羊
8	計都	射手		雙子		天蠍	金牛
9	羅喉	雙子		射手		金牛	天蠍

一般在印占裡的吉星凶星簡單區分為兩種：

吉星：金星、水星、木星、月亮

凶星：土星、火星、太陽、計都、羅喉

如果吉星廟旺則越吉，反之凶星落陷或休囚則更凶，但一旦凶星轉廟旺則力量更大；吉星落陷或休囚則會讓吉相減低。

相映的涵義

　　所謂「相映」便是指行星與宮位間的關係。簡單來說，「相映」就是行星將它的能量透過一定路徑傳達到其他宮位，吉星及行星旺相而傳達吉相，凶星傳達凶相；但凶星旺相則傳達吉相。其概念和中國「七政四餘」的「沖」、「照」相同，只是內容更加複雜。也就是說如果宮位在被金星、水星、有力的月亮、木星等吉星或旺相的太陽（日在牡羊、獅子），火星（牡羊、天蠍、魔羯），土星（天秤、寶瓶、魔羯）映射時，被映射的宮位、行星都會呈現吉相。例如：上升在雙魚，木星在射手，而土星在田宅宮的雙子座時，田宅宮會因為木星的影響而吉祥（即家境富裕或有房產），就連此命盤中土星所掌管的福德（第 11 宮）、相貌宮（第 12 宮）也會呈現吉象（朋友多、有大財且具神秘學天分）。

　　相反的，如果宮位被火星、土星、太陽、羅睺、計都映射時，被映射的宮位、行星都會呈現凶象。如上例，此命盤木星在射手官祿宮（第 10 宮），而土星在雙子田宅宮時，非但官祿宮會因土星而呈現凶相（失業），就連木星所掌管的官祿和命宮，亦有凶相（事業阻礙、健康不佳）。

　　以下是各星曜映射的路徑：

◆ 日、月、水、金：影響力除了本宮，還會映射到起算的第七宮。

◆ 火星：影響力除了本宮，還會映射到起算的第四、七、八宮。

◆ 木星、羅睺、計都：影響力除了本宮，還會映射到起算的第五、七、九宮。

◆ 土星：影響力除了本宮，還會映射到起算的第三、七、十宮。

さ Step 8 ✦

印度占星的大限系統

印度占星稱「大限」為 Dasa，意謂「享用」的意思。如果說本命盤為筵席，則 Dasa 則為享用的時機。在漫長的歷史中，印度占星因學派的不同，大約有上百種以上。但是最主流、應用最廣、驗證度最佳的，則屬 Parasari 的 Vimshottari dasa（也是一般軟體中所用的「大限系統」）。

即使印度占星家們主張該系統始於先賢的天啟神授。但是據西方學者 Dr. Jaganna Than 與 Grace Inglis 的考據，該系統的星限，與行星繞日的半徑有密切關係。簡言之，該大限是以命盤太陰所在之 27 宿來計算，以其轉換後的宮主星論限，以該星的繞日半徑比例數字為限長。由於現在已有電腦軟體計算，故不再向下繼續贅言。

其行星星限的長短大約如下：

太陽：6 年	太陰（月亮）：10 年	火星：7 年
木星：16 年	土星：19 年	水星：17 年
金星：20 年	北交（羅喉）：18 年	南交（計都）：7 年

而大限之下，又有類似於小限的「次限」（或曰中限），時間由數月到數年不等。中限下又有「再次限」（也有人稱之為小限），時間由數月到數日不止。但一般我們最多論到小限為止，再往下討論除了略嫌瑣碎，也不易準確。簡單來說，大、次限都只是連接本命的聯繫，本命的某部分吉祥，行至該運則會引動其吉象；某部分見刑沖（受凶星映射或與凶星同宮），行至該運則會引動其凶象，以此類推。

以我個人的論命經驗，在論斷星限時，必須注意以下三者在不同命盤中的作用：

一、大限與次限行星及其映射，對本命與分盤的影響。

二、大限行星所落宮位的宮主星，對本命與分盤的影響。

58 ‖ 相遇～在印度占星

三、大限行星所落宮位的定位星，對本命與分盤的影響。

假設該大限之主星為吉星（如：木星、金星），大限主星所落宮位及被映射的宮位會呈現吉相；但若該大限主星被凶星刑傷（被凶星映射或與凶星同宮），則此大限是該主星受傷的到位時間，大限主星所映射的宮位雖仍論吉，但大限主星所代表的宮位與大限主星所在的宮位，卻要論凶。

很多人在看限時只看吉、凶星，實為錯誤之觀念。凶星入吉星宮位，凶中有吉；吉星入凶星宮位，吉中帶凶。而定位星之作用，功用莫大焉，若捨棄不用，必然見樹不見林。

總結，看限之原則歸納如下：

一、行吉星大限時（金星、木星、水星、月亮有力）

1. 本命或分盤吉星不被凶剋，行該運時吉星所在宮位與其所映射之宮位，論吉。
2. 本命或分盤吉星被凶剋，行該運時，該吉星所照仍屬吉，而吉星代表之宮位與所在宮位則凶（需次限凶星亦到位）。

二、 若在吉星大限，但該吉星落在凶星所管的宮位（牡羊座、天蠍座、獅子座、寶瓶座、魔羯座），大運定位星則為凶星時：

1. 本命或分盤中該吉星所落在的宮位，此宮位所代表的凶星旺相時，此凶星所在、與其所映射之宮位，行該吉星大限或凶星次限時吉。
2. 本命或分盤中凶星旺相卻被凶剋，行該運時，該凶星所照仍吉，而凶星代表之宮位與所在宮位則凶（需次限刑剋之凶星亦到位）。
3. 若凶星並非旺相，行該運時，凶星所在宮位與其映射之宮位，行該凶星之次限論凶。
4. 若凶星並非旺相且被刑剋，次限行凶星與刑剋星的運限時，凶星所在的宮位論凶。

三、 行凶星大限時，原則同前述。

　　所謂衍生宮是指以命宮以外的宮位做為中心點，重新分布十二宮，用來推算該宮位的各種現象。舉例而言，在印度占星中，田宅宮是母親的宮位，以第四宮為中心重新分布，第五宮子女宮（四之二）便可視作母親的財帛，而遷移宮（四之六）則可視為母親的疾厄，以此類推。

　　由於任何一宮位必為其他十一個宮位的衍生，無限延伸勢必沒完沒了（且準確性降低）。因此基本上是以某六親宮的六親宮位與三、六、八、十二這幾個凶宮作延伸。舉例而言，第五宮是母親的財帛，第十一宮是父親的財帛。但在推論父母金錢收入時仍要以田宅宮來論斷，實務上第五、第十一宮並不準確。

　　此外在應用時也要參考分盤（以分盤為主），否則常會有混淆、誤判之現象。以下是比較常見的幾種組合：

第一宮：

1. 第一宮是四宮的十宮，所以是母親的父親，也就是外祖父。
2. 第一宮也是十宮的四宮，所以是父親的母親，也就是祖母。
【有趣的是，在八字中母親（正印）的父親（偏財）是食神，而父親（偏財）的母親（正印）也是食神。所以可類推八字中一個人的性格、外貌要以食神來參斷。】

第二宮：

1. 是四宮的十一宮，所以是母親的年長手足。
2. 也是七宮的八宮，所以是配偶的壽命，也代表第二任配偶。

第三宮：

1. 恰巧是第八宮的八宮，代表意外與死亡。
是十一宮（兄姊）的五宮，所以也代表兄姊的子女。

第四宮：

1. 是夫妻的結束的結束的結束（以第七宮起算八宮，再算八宮，再算八宮），所以是代表第四次婚姻。
2. 是十一宮（兄姊）的六宮（疾病），代表兄姊的健康。

第五宮：

1. 是第三宮的第三宮，所以代表第二個兄弟姊妹。
2. 是第十宮的第八宮，代表父親的死亡與意外。

第六宮：

1. 是四宮（母親）的第三宮（兄弟），所以是母親的兄弟姊妹。
2. 是七宮（他人）的十二宮（消失），因此也代表因他人的不幸而獲利（競爭的成功）。

第七宮：

1. 是第十宮（事業）的十宮，所以是一個人事業的合夥運。
2. 是八宮（壽命）的十二宮（消失），所以也被稱為死亡殺手宮。
3. 是第三宮的第三宮的第三宮，也代表第三個兄弟姊姊。

第八宮：

1. 是合夥人或配偶的錢財（七之二），故引申為保險金、贍養費。

第九宮：

1. 是第七宮的第八宮的第八宮，所以代表第三度婚姻。
2. 是第五宮（子女）的第五宮，故代表孫子輩。
3. 第七宮（夫妻）的第三宮，所以代表妻舅或小姨子（比配偶年紀小的）。
4. 第四宮（母親）的第六宮，也代表母親的健康。

第十宮：

1. 是第四宮（母親）的七宮（夫妻），故論為父親（但在南印度則以九宮論父親）。
2. 是第五宮（子女）的六宮（僕役），故論為子女的健康。
3. 是三宮（兄弟姊妹）的八宮（疾厄），代表兄弟姊妹的災厄與死亡。

第十一宮：

1. 是第六宮（僕役）的第六宮（僕役），所以也有災難之意。
2. 因為是四宮（母親）的八宮（死亡），所以代表母親的死亡。
3. 是五宮（遊戲）的七宮（對宮），所以是桃花宮位。
4. 是五宮的七宮，所以是女婿、媳婦的宮位。
5. 是十宮的二宮，所以是老闆的財富、公司的資本。

第十二宮：

1. 因為十二宮是四宮（家庭）的九宮（遷移），所以代表遙遠的地方。
2. 是九宮（上師）的四宮（家庭），也可以引申為孤獨分離、離群索居。

衍生宮有時雖有其應驗性，可是一旦宮位間的意義過多，很容易就會混淆分歧而定義不清。譬如四宮受剋究竟是母親健康問題？房地產受損？或是考試不順利？往往很難分辨（不要想以自然徵象星兼看，不驗），這時就要視分盤而定。

　　總之，分盤是印度占星的靈魂，視不同的問題要以不同的分盤研看，才能得到完整的事件現象。

分盤的涵義

　　所謂分盤是以某種形上學觀念為基礎，將星盤作重新切割與排列組合，用以解釋特定的事項。我們知道光以本命盤論命，具有很大的模糊性，先別說宮位與衍生宮位難以區別，有時候同一周中同時不同月出生的人，都有解釋上的困難（因為除了月亮很可能大部分的行星都在同樣的先後天宮，有時連相位都不變），這在中國命理中，是絕對不會具有的現象。而印度占星因為細膩的分盤，除了讓星盤的詮釋更加完整而細膩，也避免了許多「星盤類似度太高」的尷尬。

　　其實分盤並不是印度占星所獨有，在中國也有類似的技巧。例如「子、卯、午、酉」、「寅、申、巳、亥」的四正切割法，或「寅、午、戌」、「申、子、辰」的三合切割法，不但被應用於神數、八字，更應用於風水，但是說到精細繁複的程度，其實是遠不及印度的（當然中國命理也有遠過於印度的地方）。以下，是包括本命盤（D1）幾種常見的十六種分盤。

一、D2 Hora

　　這種分盤將行星區分為二，行星在本命盤奇數（陽性）星座前 15°、偶數（陰性）星座後 15°的，歸太陽掌管；在本命盤偶數（陰性）星座前 15°、奇數（陽性）星座後 15°的，歸月亮掌管。

　　D2 一般歸類為財富盤，但是因為本命所有的行星都擠在二個星座裡面，所以也很難看出些什麼。也有人用來觀察一個人行為的剛強、陰柔與否

二、D3 Drekana

　　D3 是將星座分成三等份，然後將每個星座的第一區間，由該星座主星主管；

第二區間，由該星座的起算的第五個星座的主星來主管；第三區間，由該星座的起算的第九個星座的主星在主管。簡單來說，即將行星重新分布在四個「三合」上。

一般來說，D3 用來觀察兄弟姊妹的成就以及與自身的關係助力。但是第三宮在印度列為三凶宮之一，也有人用來觀察意外與災害。

三、D4 Chaturtamsa

D4 是將星座分成四等份，然後將每個星座的第一區間，由該星座主星主管；第二區間，由該星座的起算的第四個星座的主星來主管；第三區間，由該星座的起算的第七個星座的主星在主管；第四區間，由該星座的起算的第十個星座的主星在主管。簡單來說，即將行星重新分布在三個「四正」上。

一般來說，D4 用來觀察一個人土地、不動產、建築物的情況，因為第四宮是印度占星中的文昌宮，所以也有人用他來觀察一個人的學歷。

在個人經驗上，我比較傾向後者，許多人的求學、輟學，甚至復學進修都符合 D4 的行限狀態。房地產的狀態反而貼近 D9 的第四宮行限狀態。

四、D7 Saptamsa

簡單來說，D7 是將每個星座切分成七等份（也就是 $7 \times 12 = 84$），按照黃道十二宮牡羊、金牛、雙子、巨蟹、獅子、處女、天秤、天蠍、射手、魔羯、雙魚的次序來排列，隨著行星落點的區間重新排列。

D7 主要用來觀察一個人的性交活動與子息的狀態。

五、D9 Navamsha

D9 與 D7 相似，星宮區位的排列順序也是依黃道十二宮的順序來排列，只是星座的切分等份，變成了九份，整個黃道面被切分成了 $9 \times 12 = 108$ 塊，來重新放置行星位置。

D9 一般的作用，在觀察一個人的配偶與幸運與否。其實 D9 可以推算一個人絕大部分的生活層面，並非婚姻而已。有時在對應行限上，準確度甚至更勝於 D1（本命盤）。個人在金錢、工作、婚姻、房地產的推斷上，都採用 D9 而非 D1。

六、D10 Dasamsa

D10 是將每個星座除以十等份，共 10×12 ＝ 120 個區間。在奇數星座從該星座起算連續 10 個星座；在偶數星座則由該星座起算的第九個星座起連數 10 個星座，以此重新排列組合成一個新命盤。

D10 一般用來推算職業與工作，但在個人經驗上，若以此推算就業升遷時間，行限的準確度會遠不及用 D9 的 10 宮。但是若以此推算某些特殊的榮耀（例如獲獎），卻頗有準驗。

因為生時的界定問題（小孩究竟該以何時論出生？見到光？剪斷臍帶？哭的第一聲？）所以個人很少使用 D10 以後的分盤。

七、D12 Dwadashamsa

D12 是將每個星座切成十二等份（整個黃道面共 12×12 ＝ 144），每個星座都以自己的星座為第一區位，以下依照黃道星座的順序順排。

D12 主要用來觀察父母的狀態，尤其是對自己的照顧。

八、D16 Shodasamsa

D16 是將每個星座切成十六等份（整個黃道面共 16×12 ＝ 192），以牡羊座的第一個區位起，依照黃道十二宮的順序排列。舉凡 D16 啟動星座的第一區位，一定在牡羊；固定星座的第一區位，一定在獅子；變動星座的第一區位，一定在射手，以下順推。用以重新排列組合本命的行星。

D16 主要用來觀察一個人的交通工具擁有情形以及奢華的享受，也有人用來觀察母親（因為 4 宮是母親的宮位，D16 等於 12 宮＋ 4 宮）。

九、D20 Vimsamsa

D20 即將每個星座區分為二十個區位，然後如前依黃道十二宮的順序排列，共計有 20×12 ＝ 240 的組合。舉凡 D20 啟動星座的第一區位，必由牡羊起算；固定星座的第一區位，必由射手起算；變動星座的第一區位，必由獅子起算。用以重新排列組合本命的行星。

因為 20 ＝ 12 ＋ 8，D20 一般用來觀察一個人的靜坐冥想，也有人拿來定位幸福與成功。

十、D24 Chaturvimsamsa

D24 即將每個星座分成二十四等分每等份 1°15' 共計 288 個區間：

在奇數星座的排列，是由獅子起算，依照黃道十二宮的順序加以排列；而在偶數星座則巨蟹起算，依照黃道十二宮的順序排列。用以重新排列組合本命的行星。

通常 D24 被用以觀測一個人在學歷、教育、學術、教育的成就。

十一、D27 Bhamsa

D27 即將每個星座分成二十七等份，共計 324 個區間：

火象星座由牡羊起算，依黃道十二宮的順序排列。

土象星座由巨蟹起算，依黃道十二宮的順序排列。

風象星座由天秤起算，依黃道十二宮的順序排列。

水象星座由魔羯起算，依黃道十二宮的順序排列。

（按理言，火象、風象都由各自的啟動星座起算，沒有道理水象、土象會有例外。各人對此甚為懷疑，故捨棄不用）

一般來說他是力量、勇氣的徵象。

十二、D30 Trimsamsa

所謂的 D30 是將每個星座切分成三十等份，整個黃道面共計有 30×12 ＝ 360 個區間：

奇數星座：0 ～ 5°區間牡羊、5 ～ 10°區間水瓶、10 ～ 18°區間射手、18 ～ 25°雙子、25 ～ 30°天秤。

偶數星座：0 ～ 5°區間金牛、5 ～ 12°區間處女、12 ～ 20°區間雙魚、20 ～ 25°魔羯、25 ～ 30°天蠍。

而之後以此星盤，重新排列星座與行星。D30 的作用主要在計算逆境、不幸、災難與女性的婚前性行為。

十三、D40 Chatvarimsamsa

D40 是將星座切分成四十等份，共計 40×12 ＝ 480 個區間：

奇數星座由牡羊座起算，依順數十二星座。

偶數星座由天秤座起算，依順數十二星座。

十四、D45 Akshavedamsa

D45 是將星座切分成四十五等份，每份約 40 分：

在啟動星座，第一宮以牡羊起算，順數十二星座。

在固定星座，第一宮以獅子起算，順數十二星座。

在變動星座，第一宮以射手起算，順數十二星座。

以此重新組合的分宮圖，具有一般指示，描述宮位和行星的力量。

十五、D60 Shastiamsa

D60 是將星座切分成六十等份，共計 60×12 ＝ 720 個區間，以下表來解釋其吉凶義涵：

其中奇數星座的排列順數，偶數星座的排列倒數。

第 2 章

名人案例 解析印占命盤奧妙

千萬不要忽略「宮主星」與「定位星」的重要性！
它們可以說是印度占星的靈魂所在。

引言

　　通常我在論命之前，一定會先請客戶提供正確的出生時分和出生地，所以我會要求客戶先去戶政事務所索取出生證明，再利用印占軟體打出本命盤、九分盤和一生大運流年流月盤（大限、中限、小限），如果時分確定，我也會往前推 3 分鐘，往後再推 2 分鐘在 5 分之內看有沒有變盤？有人甚至不到 1 分鐘九分盤就可能改變，所以我必須先跟客戶在 line 上先核對幾個重要時間點才能確定是哪一分生？

　　如果不知道確定時分或是由產婆接生者，就需要核對命主過去發生之重要事件（例如結婚生子置產賺錢破財血光住院時間），來反推出他的正確時分，但前提是必須十分耐心去核對，我曾經為了許多只知道自己出生時辰的客戶一核快兩小時，譬如辰時是早上 7：00 ～ 9：00，2 個小時就可能超過 10 張印占命盤，然後再從密密麻麻的年月日中找出最吻合他命運軌跡的命盤，一旦時間事件點全部吻合，甚至連幾點幾分幾秒都可以推算得出來，雖然過程很費時，但當我聽到客戶事後查證我反推出的時分跟他後來找到的出生紅紙條一模一樣時，那份內心的成就感真是無以倫比！

　　不過通常一般論命只要算到分就足夠了，因為流月流日時間只是向前或向後改變一點點而已，影響微乎其微。以我的經驗法則，其實論印占主要是看本命盤和九分盤，命宮、財帛宮、田宅宮、夫妻宮、官祿宮這五大重要宮位以九分盤（D9）為主；其他如朋友、子女、兄弟、遷移、疾病、壽命、海外運則以本命盤為主，本命盤可能 1 個多鐘頭左右才會變盤，9 分盤則可能十幾分鐘就會變，所以印占九分盤的角色顯得益發重要！另外如果要論小孩的讀書運我則會搭配分盤四分盤的第四宮，當然如果必要的話，也會參考其餘分盤獲取更多的資訊。

　　打個比方，如果印占命盤是一個人生大舞台，行星所坐落的位置為星座（如牡羊、金牛、雙子…）是象徵命主的表演的方式和實際性格，而宮位為劇場，行星則

是其中的演員，然後借由飛第一次的「宮主星」與飛第二次的「定位星」，兩者之間的相映和刑沖關係來判斷這個宮位的吉凶與否？所以千萬不要忽略「宮主星」與「定位星」的重要性！它們可以說是印度占星的靈魂所在。

　　PS：以下所論名人命盤，時分雖是透過特殊管道取得，但分因為沒有親自核對，所以不容易百分之百精準，如果時間有誤，也請大家家一笑置之，或請當事人海涵，筆者不過是想藉這幾位名人的案例來剖析印占命盤的精髓，希望能讓讀者迅速了解其中之奧妙。

▲印度占星黃道十二宮簡介

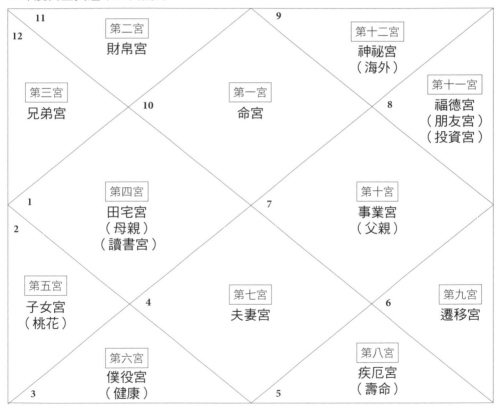

武俠巨星成龍的命盤概論

> 九分盤土星在第 10 宮（魔羯座）也是入旺，所以事業田宅投資運更旺，夫妻宮是巨蟹，主星月亮入旺，配偶旺夫。

以成龍的命盤為例：（西元 1954 年 5 月 9 日 0：15 香港出生）

首先我會先看命主的第一宮與第一宮的主星來查看他的實際性格。因為第一宮是魔羯，魔羯座的主星是土星，因此他的命宮宮主星是土星。土星落到天秤座，所以他印占的實際性格是天秤座。在論斷時，會同時參看魔羯與天秤：除了是道德觀保守的工作狂，也會追求公平與他眼中的正義。

因為水星是吉星，落在本命盤的第四宮，除了會影響第四宮，也會影映射到第十宮；土星位於第十宮，除了影響第十宮也會映照第四宮，因為入廟「天秤座」，入廟的土星變凶為吉。受到這兩顆吉星的影響，所以本命盤的事業田宅皆旺。（由於水星是吉星，所以在水星大、中限時，成龍的田宅、事業會呈現吉象。而受水星映射的土星因為是第一、二「命宮、財帛宮」主星，所以成龍一生財運超旺，生命力也很堅強。）

太陽在命盤第四宮，太陽雖是凶宮，但是因為在牡羊座入廟位（旺相），因此仍呈現吉象。除了影響第四宮與第四宮中的水星（水星也是第九宮主星。故在太陽大、中限有極佳遷移運），還會映射由太陽起算的第七宮（即命盤的第十宮）也就是事業宮，第十宮與第十宮中的土星都會受到影響。（土星是財帛主，所以在太陽大、中限時，成龍的金錢表現亮眼。太陽也同時映射第十宮，第十宮所代表的事業也會有極佳的表現）。

由於金星在本命盤的第五宮（子女宮、桃花宮），除了會影響第五宮，也會映

射第十一宮。（金星是吉星，所以在金星大小限時，成龍的桃花、賭博、投資運極佳）。

木星在本命盤的第六宮（僕役宮），除了會影響第六宮，也會映射第十（事業宮）、第十二（海外運）、第二宮（財帛宮）。在第十宮的土星、在第十二宮的火星、羅喉，都會受到影響。（雖然木星為吉星，但木星在雙子座落陷，所以並無實際吉相，僅有表面的風光。在木星大小限時，成龍易參與宗教活動，財運、工作運雖佳，但卻呈現虛華。土、火、計都、羅喉因受到木星映射，而土星為財帛主、命宮主；火星為田宅主、福德主（福德宮掌管朋友與橫財），故也有可能因人際關係、投資地產等行為而獲利，只是在程度上不會太大。

至於成龍九分盤土星在第10宮（魔羯座）也是入旺，所以事業田宅投資運更旺，夫妻宮是巨蟹，主星月亮入旺，配偶旺夫；子女宮金星，金星入旺又受入廟土星照射，子息健康，一生多風流韻事。唯一要注意的是因為疾厄主獅子與疾厄宮主星太陽受羅喉映射，容易有血光與意外。

1978～1984走計都（ke）大限，因為計都落在雙子的緣故，水星要一併參看，這段時間水星照射田宅、官祿，除了事業有成，也容易置產。因為他本命盤受計都影響的時間極短（只有幾個月），而水星卻與入廟的土星、太陽彼此牽連，所以自此平步青雲。1985～2005年走20年金星大運，更是事業如日中天，飛黃騰達，海外運也旺，他於1985/8/30～1988/12/29走金星大運金星流年（ve/ve），1987拿到金馬獎特別獎，1988以監製《胭脂扣》拿到香港電影金像獎。2005/8/30～1988/12/17走太陽大運太陽流年，2005年則拿到中國電影金雞獎，2007/9/18～2008/7/6走Su/Ju運，《尖峰時刻》更在北美創下破億票房紀錄。

當然這段時間他也是桃花滿天飛，因為金星正坐子女桃花宮，1999/10月女星吳綺莉宣布懷有成龍骨肉，並於1999/11/19誕下一女，當時成龍說出那句名噪一時的話：「我做錯了全世界好多男人都會做錯的事」，時間點剛好落在印占1998/6/30～2001/8/30的Ve/Sa運之間，以子女宮分盤D7為例，不論是大運流年都在走子女運，因為本命盤Ve正坐子女宮，分盤第五宮宮主星也是SaR，所以會突然蹦出一個小孩乃是命中注定也，只是分盤SaR是落陷，所以時間點並不是最好的，

甚至可能是他意料之外，因此是非跟爭議也會變多，甚至女兒到現在都無法跟他正式相認，所幸有賢妻林鳳嬌力挺，才使得這椿誹聞對他的演藝事業殺傷力還不至於太大。

　　成龍從 2011/8/30 ～ 2021/8/30 走 10 年月亮大運，也就是夫妻運，除了婚姻穩定之外，田宅運亦不俗。流年 Ra 凶星時，成龍新片（警察故事 2013）在香港上映票房出奇慘淡。但整體來説，成龍的其他電影，仍有很好的表現。不過 2021 ～ 2023 年的火星羅喉運，要特別注意身體健康或血光開刀等意外狀況，也就是從實歲 67 歲開始一直到 74 歲以後都要特別注意身體。不過他生命力很強，另外要注意身體的時間點則是 2026/2/25 ～ 2026/7/24，尤其是 2028/8/30 ～ 2031/5/13；2039/3/1 ～ 2040/3/18 之間。

　　雖然名人時分很難精準，讀者不須太過穿鑿附會，不過是藉此命盤講解印占的解盤方式。至於未來運勢是否準確則需要有更加精確的出生時分。公眾人物不願公布正確時間這些都是可以理解的，畢竟每個人都有權保護自己的隱私，尤其是鎂光燈下的演藝人員。

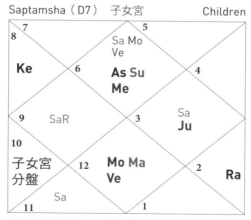

子女宮主星 SaR 土星
定位星 Ju 木星

成龍
1954/5/9 上午 12;15;24 Zone : -08:00 CCT Internet:719 beats
Hong Kong, Hong Kong
Longitude: 114E09 Latitude: 22N17 CurPer: Mo/Sa/Sa
Lahiri Ayanamsha: 23:13 365.25 Day Year True Node

實際性格：天秤座

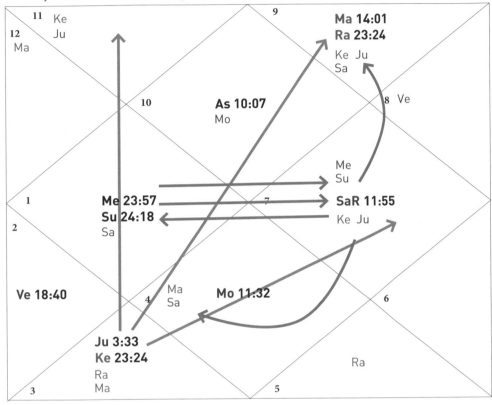

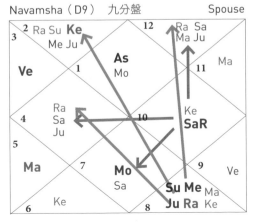

Navamsha（D9） 九分盤   Spouse

成龍

1954/5/9 上午 12;15;24 Zone : -08:00 CCT Internet:719 beats
Hong Kong, Hong Kong
Longitude: 114E09 Latitude: 22N17 CurPer: Mo/Sa/Sa
Lahiri Ayanamsha: 23:13 365.25 Day Year True Node

吉		✓
半吉半凶		Ⅳ
半凶半吉		Ⅳ
凶		✗

半吉	■	吉 ■
半凶	■	凶 ■

Dasha/Bhukti periods

1	Sa/Mo	1953/8/2		Ve/Ve ✓	1985/8/30		Ma/Ma ✗	2021/8/30
≀	Sa/Ma	1955/3/4		Ve/Su Ⅳ	1988/12/29		Ma/Ra ✗	2022/1/26
	Sa/Ra	1956/4/11		Ve/Mo	1989/12/30		Ma/Ju	2023/2/13
5	Sa/Ju	1959/2/16	31	Ve/Ma ✗	1991/8/30	67	Ma/Sa	2024/1/20
			≀	Ve/Ra ✗	1992/10/29	≀	Ma/Me	2025/2/28
			51	Ve/Ju ✓	1995/10/30	74	Ma/Ke ✗	2026/2/25
				Ve/Sa Ⅳ	1998/6/30		Ma/Ve	2026/7/24
				Ve/Me ✓	2001/8/30		Ma/Su	2027/9/24
				Ve/Ke ✗	2004/6/30		Ma/Mo	2028/1/26

▲ 事業、子女（桃花）夫妻、財、身體、朋友、投資　　　　　　▲ 身體、血光、小人、海外不宜、夫妻、子女

	Me/Me	1961/8/30		Su/Su	2005/8/30		Ra/Ra ✗	2028/8/30
	Me/Ke	1964/1/26		Su/Mo	2005/12/17		Ra/Ju	2031/5/13
	Me/Ve	1965/1/23		Su/Ma	2006/6/18		Ra/Sa	2033/10/5
5	Me/Su	1967/11/23	51	Su/Ra	2006/10/24	74	Ra/Me	2036/8/11
≀	Me/Mo	1968/9/29	≀	Su/Ju	2007/9/18	≀	Ra/Ke ✗	2039/3/1
24	Me/Ma	1970/2/28	57	Su/Sa	2008/7/6	92	Ra/Ve	2040/3/18
	Me/Ra	1971/2/26		Su/Me	2009/6/18		Ra/Su	2043/3/19
	Me/Ju	1973/9/14		Su/Ke	2010/4/24		Ra/Mo	2044/2/11
	Me/Sa	1975/12/21		Su/Ve	2010/8/30		Ra/Ma ✗	2045/8/11

▲ 血光、小人、海外不宜、夫妻、子女

	Ke/Ke	1978/8/30		Mo/Mo ✓	2011/8/30		Ju/Ju	2046/8/30
	Ke/Ve	1979/1/26		Mo/Ma ✗	2012/6/30		Ju/Sa	2048/10/17
	Ke/Su	1980/3/27		Mo/Ra ✗	2013/1/29		Ju/Me	2051/5/1
24	Ke/Mo	1980/8/2	57	Mo/Ju	2014/7/31		Ju/Ke	2053/8/5
≀	Ke/Ma	1981/3/3	≀	Mo/Sa	2015/11/30		Ju/Ve	2054/7/12
31	Ke/Ra	1981/7/30	67	Mo/Me	2017/6/30		Ju/Su	2057/3/12
	Ke/Ju	1982/8/18		Mo/Ke ✗	2018/11/29		Ju/Mo	2057/12/30
	Ke/Sa	1983/7/25		Mo/Ve	2019/6/30		Ju/Ma	2059/5/1
	Ke/Me	1984/9/2		Mo/Su	2021/2/28		Ju/Ra	2060/4/5

▲ 田宅、夫妻

馬英九的未來會如何？

> 堪稱長壽格局，78～98歲走20年Ve大運，財運子女運非常棒，
> 只要好好養生，生命關應是落在80歲以後了。

　　目前坊間流傳馬英九的時辰有兩種，我大約核對了一下他的生平和歷年來的政績，覺得還是1950/7/13未時這個時辰較為接近，也就是紫微所謂的「月朗天門」格。以馬總統的印度占星為例，時分抓至下午1:35:30秒左右，出生地是香港，印占的命盤命宮天秤，命主星金星落在金牛，因此實際性格傾向金牛座，所以馬總統除了重法重原則，更多了一份金牛的謹慎保守。

　　馬總統本命盤雖然Sa土星位於福德宮落陷，但九分盤（D9），Sa卻是落在天秤座廟旺，除了落在事業宮，更映射田宅、遷移、相貌（更遠程的遷移）。所以他身邊的屬下或朋友小人不少，事業、田宅、海外運、及夫妻宮都超強，而其九分盤財帛宮之宮主星也是入廟的Sa，財帛宮又有Ve、JuR的加持，所以財運亦頗不俗。

　　以其一生學經歷來論，他從19～35歲走木星（Ju）大運，第四宮主星土星與第九宮與第十二宮主星水星受木星照耀，所以他的讀書運及海外運皆旺，走吉星的流年，1976/9/17之前拿到紐約大學法學碩士，1981/2/10～1982/6/12哈佛大學法學碩士，而他從35～54歲則開始走Sa事業大運，1993擔任法務部長，當時正走Sa/Ve流年（九分盤土星入廟且位於官祿），1998～2002年當選台北市市長，雖然做得辛苦，但馬總統的官運堪稱倒吃甘蔗，2002/3/31～2004/10/11走Sa/Ju流年，所以02年他再度當選台北市長，接著開始走他人生最巔峰之Me大運，事業更

上層樓。2008/3/6 後走 Me/Ve 大運流年，結果 3/22 開票他以 765 萬 9014 票高票當選第十二任總統，也是中華民國迄今得票率最高的公民直選總統，堪稱是他此生人氣最旺的時期。2012/1/14 更成功連任第十三任總統，當時還在走他的 Me/Mo 流年（2011/11/11 ～ 2013/11/12），所以他順利擊敗蔡英文。

但是花無百日紅，人沒有永遠的好運，當時筆者就預測這屆總統他會當得十分辛苦，因為他從 2013/4/12 ～ 2014/4/9 開始走 Me/Ma 凶星火星流年，直接打他的事業宮，接著 2013 年 5 月發生毒澱粉事件，7 月洪仲丘事件，10 月黑心油事件，9 月馬王政爭，王金平勝訴，在在重挫馬英九之聲望，然後就是鬧得沸沸揚揚的 2014/3 月太陽花事件，接著馬總統又從 2014/4/9 ～ 2016/10/26 走很長的 Me/Ra 流年，2016 年 1 月國民黨大敗，蔡英文當選總統，馬英九民調聲望也在 2015/9/7 降到史上最低。因為 Ra 凶星正沖他的事業宮，所以卸任之後還是要注意是非及官司問題，但到 2016 年 10/26 之後應該會開始好轉，但 2019/2/1 之後則要開始注意健康血光及情緒問題，特別是 2021/10/11 ～ 2022/3/9，及 2024/9/11 ～ 2025/9/29、2026/9/5 ～ 2027/10/15…。71 ～ 78 歲這段時間應該是馬總統從 19 歲開始平步青雲，官運扶搖直上之後最弱的一個大運了，除了健康之外也要注意年老官司纏身，晚運不佳。不過馬總統堪稱長壽格局，78 ～ 98 歲走 20 年 Ve 大運，財運子女運非常棒，只要好好養生，生命關應是落在 80 歲以後了。

另外值得一提的是馬英九的配偶周美青，前面提到配偶能力也很強，尤其九分盤中夫妻宮和福德宮互融（夫妻主入福德，福德主入夫妻），代表周美青大大影響他的人際關係，或與他的屬下選民息息相關，所以周美青聲望一直不亞於馬英九，但晚年他們的夫妻關係看起來並不是十分和諧，一直要到 78 歲之後才會漸入佳境。

馬英九從 19 歲開始就連走 Ju、Sa、Me 個好的大運，所以格局確實十分高，是少數富貴雙全之命格，只可惜晚年那個 Ke 凶星大運要特別注意。以上所分析之馬總統命盤讀者可以當作一個實際案例仔細玩味，因為沒有跟本人正式核定過出生時分，只能從過去發生之事來反推，希望馬總統大人大量，一笑置之。

馬英九
1950/7/13 上午 01:35:30 Zone : -08:00 CCT Internet:275 beats
Hong Kong, Hong Kong
Longitude: 114E09 Latitude: 22N17 CurPer: Me/Ra/Ve
Lahiri Ayanamsha: 23:09 365.25 Day Year True Node

吉 ■
凶 ■

實際性格：金牛座

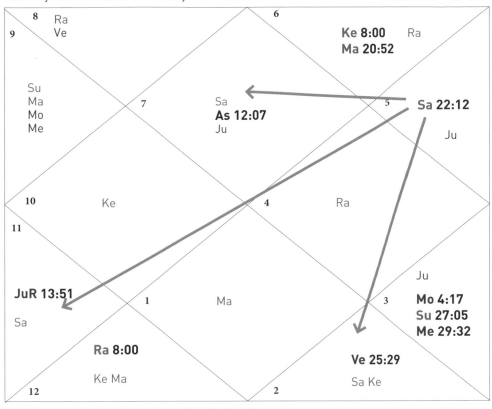

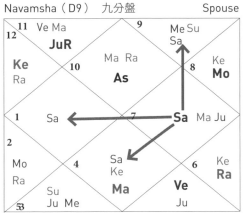

Navamsha（D9） 九分盤   Spouse

朋友跟夫妻宮互融

馬英九
1950/7/13 下午 01:35:30 Zone : -08:00 CCT Internet:275 beats
Hong Kong, Hong Kong
Longitude: 114E09 Latitude: 22N17 CurPer: Ma/Re/Ve
Lahiri Ayanamsha: 23:09 365.25 Day Year True Node

吉	✓
半吉半凶	✓✗
半凶半吉	✗✓
凶	✗

半吉	▇	吉	▇
半凶	▇	凶	▇

Dasha/Bhukti periods

Sa 半吉半凶

Ma/Ve	1949/9/5		┌Sa/Sa	1985/10/11		┌Ve/Ve	2028/10/11
Ma/Su	1950/11/5		Sa/Me	198810/14		Ve/Su ✗	2032/2/11
Ma/Mo	1951/3/13		Sa/Ke	1991/6/24		Ve/Mo	2033/2/10
		35	Sa/Ve ✓	1992/8/2	78	Ve/Ma	2034/10/12
		∫	Sa/Su ✗	1995/10/3	∫	Ve/Ra ✗	2035/12/12
		54	Sa/Mo	1996/9/14	98	Ve/Ju	2038/12/11
			Sa/Ma ✗	1998/4/15		Ve/Sa ✗	2014/8/11
			Sa/Ra ✗	1999/5/25		Ve/Me	2044/10/11
			└Sa/Ju ✓	2002/3/31		└Ve/Ke	2047/8/12

Ra/Ra	1951/10/12		┌Me/Me ✓	2004/10/11		Su/Su	2048/10/11
Ra/Ju	1954/6/24		Me/Ke	2007/3/10		Su/Mo	2049/1/29
Ra/Sa	1956/11/17	54	Me/Ve ✓	2008/3/6		Su/Ma	2049/7/30
Ra/Me	1959/9/23	∫	Me/Su	2011/1/5		Su/Ra	2049/12/5
Ra/Ke	1962/4/12	71	Me/Mo ✓	2011/11/11		Su/Ju	2050/10/30
Ra/Ve	1963/4/30		Me/Ma ✗	2013/4/12		Su/Sa	2051/8/18
Ra/Su	1966/4/30		Me/Ra ✗	2014/4/9		Su/Me	2052/7/30
Ra/Mo	1967/3/25		Me/Ju ✓	2016/10/26		Su/Ke	2053/6/5
Ra/Ma	1968/9/23		└Me/Sa ✗	2019/2/1		Su/Ve	2053/10/11

┌Ju/Ju	1969/10/11		┌Ke/Ke ✗	2021/10/11		Mo/Mo	2054/10/12
Ju/Sa	1971/11/29		Ke/Ve	2022/3/9		Mo/Ma	2055/8/12
Ju/Me ✓	1974/6/12	71	Ke/Su	2023/5/10		Mo/Ra	2056/3/12
Ju/Ke	1976/9/17	∫	Ke/Mo	2023/9/14		Mo/Ju	2057/9/11
19 Ju/Ve	1977/8/24	78	Ke/Ma	2024/4/14		Mo/Sa	2059/1/11
∫ Ju/Su	1980/4/24		Ke/Ra ✗	2024/9/11		Mo/Me	2060/8/11
35 Ju/Mo ✓	1981/2/10		Ke/Ju	2025/9/29		Mo/Ke	2062/1/11
Ju/Ma	1982/6/12		Ke/Sa ✗	2026/9/5		Mo/Ve	2062/8/12
└Ju/Ra	1983/5/19		└Ke/Me	2027/10/15		Mo/Su	2064/4/11

歌壇長青樹白冰冰命盤解析

> 由於 63 ～ 69 歲的大運走太陽凶星，因為太陽落於本命盤第六
> 宮，所以要特別小心健康問題，尤其是呼吸系統的疾病。

　　在分析命盤之前，為了避免爭議，我必須特別強調的是這些名人的出生時間及生平，皆是以維基百科提供的時間為準，像白冰冰之前命理界流傳的出生時間是 1955/4/18 亥時，可是維基百科記載為 1955/5/17，時辰我還是抓亥時，經過核對她過去一些重大事件之後，筆者覺得我推斷的時分較為吻合，但是因為沒有經過當事人證實，所以僅供讀者參考。

　　以下是白冰冰的命盤分析：

　　印度占星的命宮在射手而命主星木星入巨蟹，故實際性格傾向巨蟹座。孩子是她的命根子，心頭肉，但子女主與子女宮的定位星卻分別受羅計（羅喉與計都簡稱）、太陽所傷，命運和其作弄！本命盤夫妻宮受 Ra（羅喉）與 Ke（計都）Ma（火星）等凶星衝擊，以致白冰冰一生婚姻運坎坷，1975 年在日本與日本人梶原一騎結婚時間恰恰是落在 19 ～ 36 歲走 Me/ Me 大運流年之間，時間點 1974/6/20 ～ 1976/11/15 是吻合的，離婚時間為 1981 年，命盤顯示 1980/9/12 ～ 1981/7/20 走 Me/ Su 流年，Su 剛好正坐 9 分盤夫妻宮，太陽入魔羯座，凶星落陷，此時夫妻宮被刑沖得很厲害，白冰冰因不堪家暴而離婚。

　　白冰冰本命盤子女宮雖是 Ve 又有廟旺的 Sa 來照，但息息相關子女的第七分盤的子女宮卻是被凶星打得一蹋糊塗，所以在 1990/8 月 Me/Sa 流年，土星衝擊子女

宮，白冰冰與白曉燕在家中遭黃姓嫌犯持槍搶劫，還好 Me 大運還是吉星，被脅持的白曉燕等五人所幸未受到實際傷害，有驚無險。（此段還得查證？）但當白冰冰 36 ～ 43 歲走 Ke 凶星大運時，Ke/Sa（1996/5/14 ～ 1997/6/23）最凶的流年之間，七分盤子女宮受火星、羅計沖照，現象極凶，1997 白曉燕遭到林春生、高天民與陳進興綁架撕票，白冰冰經歷了人生最大的喪女之慟和生命最大的低潮。

　　一旦走過人生的幽谷，便有生命的新春。水星流年裡，1997/6/23 之後她憑電影《寂寞芳心俱樂部》得到捷克斯洛伐克影展最佳女主角。接著 43 ～ 63 歲白冰冰一路走 20 年金星大運，但她的事業與人緣桃花及貴人運更旺，不但讓她奪下首座金鐘獎，也同時成立經紀公司和投資多項副業，2014/6/20 ～ 2017/4/20 走 Ve/Me 流年，不但事業運旺，感情運也不錯，她並於 2015 年首次擔任電影總監製，事業運財運應可旺至 2017/4/20，不過 2017/4/20 ～ 2018/6/20 之間就不宜大張旗鼓投資，因為打到福德宮，也要注意健康與血光。

　　由於 63 ～ 69 歲的大運走太陽凶星，因為太陽落於本命盤第六宮，所以要特別小心健康問題，尤其是呼吸系統的疾病（第六宮在金牛，金牛管咽喉與呼吸系統）。69 ～ 79 歲走很強的 Mo 大運，心情會開朗許多，田宅及事業運亦不俗。綜觀白冰冰命盤一生起伏頗大，雖然財運事業運很旺，但財賺得多破得也凶，最弱的就是子女宮及婚姻。不管她的時分是否準確，我一直十分欣賞白冰冰的堅強及生命毅力，一般人碰到她這種際遇可能早就崩潰了，但她卻能化悲憤為力量，並成立白曉燕基金會，甘冒大不諱為社會正義發聲。

　　所以人生沒有過不去的坎，也只有自己才是自己最大的貴人。祝福冰冰姐，永遠像個樂觀的鄰家大姊帶給觀眾歡笑與勇氣，並且在現在及未來能夠重拾她人生中失去許久，最最真實的幸福，相信白曉燕在天之靈也會以母親為傲的。

白冰冰
1955/5/17 下午 09:18:14 Zone : -08:00 CCT Internet:596 beats
Taipei, Taiwan
Longitude: 121E30 Latitude: 25N03 CurPer: Ve/Me/Ra
Lahiri Ayanamsha: 23:14 365.25 Day Year True Node

Sa 半吉半凶 吉 ■
凶 ■

實際性格：巨蟹座

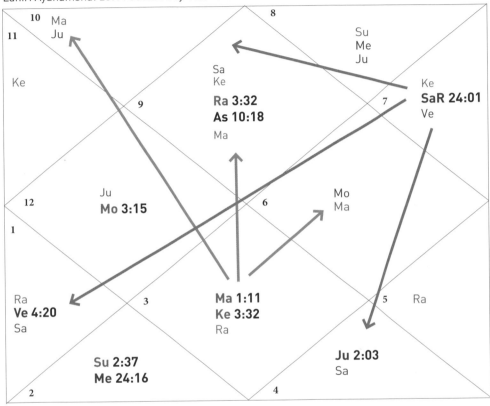

Navamsha（D9） 九分盤　　　　　Spouse

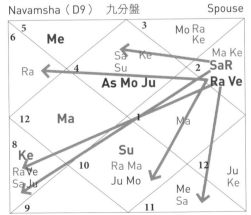

Saptamsha（D7） 子女分盤　　　　　Children

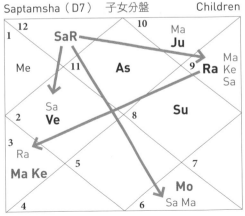

白冰冰
1955/5/17 下午 09:18:14 Zone : -08:00 CCT Internet:596 beats
Taipei, Taiwan
Longitude: 121E30 Latitude: 25N03 CurPer: Ve/Me/Ra
Lahiri Ayanamsha: 23:14 365.25 Day Year True Node

吉	✓
半吉半凶	✗
半凶半吉	✗
凶	✗

半吉 ■ 吉 ■
半凶 ■ 凶 ■

Dasha/Bhukti periods

Ju/Ma 1953/1/24

凶星

	Ke/Ke	1991/6/20	Mo/Mo	2024/6/19
	Ke/Ke	1991/11/16	Mo/Ma ✗	2025/4/20
	Ke/Su	1993/1/15	Mo/Ra ✗	2025/11/19
36	Ke/Mo	1993/5/23	Mo/Ju ✓	2027/5/21
~	Ke/Ma	1993/12/22	Mo/Sa ✗	2028/9/19
43	Ke/Ra	1994/5/20	Mo/Me	2030/4/20
	Ke/Ju	1995/6/8	Mo/Ke ✗	2031/9/19
	Ke/Sa ✗	1996/5/14 → 白曉燕	Mo/Ve ✓	2032/4/19
	Ke/Me	1997/6/23	Mo/Su ✗	2033/12/19

(69 ~ 79)

Sa/Sa	1955/6/20	Ve/Ve	1998/6/20	Ma/Ma ✗ 2034/6/20
Sa/Me	1958/6/26	Ve/Su	2001/10/19	Ma/Ra ✗ 2034/11/16
Sa/Ke	1961/3/2	Ve/Mo	2002/10/19	Ma/Ju 2035/12/4
Sa/Ve	1962/4/11	Ve/Ma	2004/6/19	Ma/Sa 2036/11/9
Sa/Su	1965/6/10	Ve/Ra	2005/8/19	Ma/Me 2037/12/19
Sa/Mo	1966/5/23	Ve/Ju	2008/8/19	Ma/Ke 2038/12/16
Sa/Ma	1967/12/23	Ve/Sa	2011/4/20	Ma/Ve 2039/5/14
Sa/Ra	1969/1/30	Ve/Me ✓	2014/6/20	Ma/Su 2040/7/14
Sa/Ju	1971/12/7	Ve/Ke	2017/4/20	Ma/Mo 2040/11/18

(Sa: 43 ~ 63 / Ve: 79 ~ 86)

吉星

Me/Me ✓	1974/6/20 → 結婚	Su/Su ✗	2018/6/20	Ra/Ra 2041/6/20
Me/Ke	1976/11/15	Su/Mo	2018/10/7	Ra/Ju 2044/3/2
Me/Ve	1977/11/13	Su/Ma ✗	2019/4/8	Ra/Sa 2046/7/26
Me/Su ✗	1980/9/12 → 離婚	Su/Ra ✗	2019/8/14	Ra/Me 2049/6/1
Me/Mo	1981/7/20	Su/Ju	2020/7/8	Ra/Ke 2051/12/20
Me/Ma	1982/12/19	Su/Sa ✗	2021/4/26	Ra/Ve 2053/1/6
Me/Ra	1983/12/17	Su/Me	2022/4/8	Ra/Su 2056/1/7
Me/Ju	1986/7/5	Su/Ke ✗	2023/2/12	Ra/Mo 2056/12/1
Me/Sa ✗	1988/10/10	Su/Ve	2023/6/20	Ra/Ma 2058/6/1

(Me: 19 ~ 36 / Su: 63 ~ 69)

✦ 名人命盤 4 ✦

張國榮短暫又華美的一生

> 主掌壽命的第八宮宮主星和定位星皆凶星齊聚,再加上主掌情緒
> 的命宮也被打得很凶,所以說是憂鬱症害了他,雖然擁有了財富
> 跟名利,卻永遠失去了快樂。

　　紅遍華人圈的張國榮,不但演歌雙棲,俊美又具有憂鬱氣質的長相不知擄
獲多少 4、5 年級生的死忠粉絲,他出生於 1956/9/12,出生地是香港九龍,他於
2003/4/1 日在香港中環文華東方酒店跳樓自殺,結束了他僅有 46 歲,短暫而又華美
的一生…。

　　以他的出生時分上午 11:50:20 秒左右來分析。因為本命盤的命宮與第十二宮的
定位星月亮被落陷 Sa、Ra、Ke 凶星刑沖。十二宮屬於潛意識的宮位而月亮主管情
緒,以至於容易受到憂鬱症所困擾。而夫妻宮也因為這些凶星的影響,以至於感情
運也頗多波折。

　　他九分盤命宮是吉星木星和廟旺的金星,木星是官祿宮的定位星,火星是財帛
宮的定位星。兩顆有力的吉星(木星受廟旺金星映射)入命,顯示他的財官雙美。
而本命盤木星與入旺的太陽入官祿宮、木星映射入財帛也顯示了這樣的情形,只是
本命盤的富貴成度不如九分盤來得明顯,九分盤的重要,可見一斑。因為這樣的緣
故,以至於他從 1977 ～ 2003 年縱橫香港華人影歌壇,而且歷久不衰。

　　張國榮從 10 歲開始走 20 年金星大運,所以他從 1977 年出道就一路順遂,
1988 ～ 1989 年走入旺的太陽大運時,Su/Ju 流年時獲得十大勁歌金曲最受歡迎男歌
星;1991 走 Su/Ve 流年時憑電影《阿飛正傳》獲得香港電影金像獎最佳男主角,都

顯示了本命盤太陽入旺於官祿宮的徵象。接著 36 ～ 46 走 10 年月亮大運。儘管本命盤的月亮受諸星凶照極凶，但九分盤的月亮運卻會因為勾起入命的木星而財官兩美。（定位星非常重要，不是像很多老師以為的無關緊要）遇到像這樣本命盤與九分盤一吉一凶的情形，除了要以九分盤為主，也往往顯示了當事人人生的大轉折。1993 走 MO/Mo 大運流年時，張國榮憑電影《霸王別姬》得到日本影評人大獎。1998/5/13 ～ 1999/10/13 走 MO/Me 流年時，他又成為首位受邀擔任柏林國際電影節評委的亞洲男演員，同年又憑《春光乍洩》獲得法國坎城影展最佳男主角提名，一直到 2002 年堪稱他電影事業最輝煌時期。在此同時，他也同時出櫃，在香港跨越97 演唱會上公開感謝他母親與唐鶴德，也是香港娛樂圈中首位公開承認是雙性戀的藝人。研究張國榮印占命盤，真的不得不佩服印度先人的智慧結晶，萬般皆是命，半點不由人！

　　因為相貌宮的定位星受到土星與羅計的夾剋，張國榮雖然事業顯赫，卻一直憂鬱症纏身，他的摯愛唐先生就曾透露過他曾於 2002/11 月（正在走 Mo/ Su 流年）就在家服安眠藥輕生，但幸而獲救。攤開他印占八分盤跟身體壽命有關的宮位，第八宮的宮主星 Su 受到和 Ma、Ra 的衝擊，所幸沒有造成生命危險。可是接著走的 Ma大運，尤其從 2002/7/13 ～ 2003/12/28 年連走 Ma 跟 Ra 兩個十分險峻的流年，可謂性命攸關，應該是說從 2002 年初自殺未遂後，他就一直沒斷過尋死的念頭，終於在 2003 年 4 月 1 日下午 6 時 43 分從香港文華東方酒店 24 樓一躍而下，也恰恰在印占 2003/12/28 之前，為他僅僅 46 歲的人生劃下令人愕然的休止符。

　　綜觀張國榮短暫而華美的一生，他在華人歌壇與影壇已經是一則永不墜落的傳奇，但不論是印占九分盤還是八分盤，他主掌壽命的第八宮宮主星和定位星皆凶星齊聚，再加上主掌情緒的命宮也被打得很兇，所以說是憂鬱症害了他確實令人扼腕，雖然他擁有了財富跟名利，但卻永遠失去了快樂，而快樂卻是人世間最難擁有的財富…。

張國榮
1956/9/12 上午 11:15:24 Zone : -08:00 CCT Internet:202 beats
Hong Kong, Hong Kong
Longitude: 114E09 Latitude: 22N17 CurPer: Ra/Sa/Su
Lahiri Ayanamsha: 23:13 365.25 Day Year True Node

實際性格：水瓶座

吉 ■
凶 ■

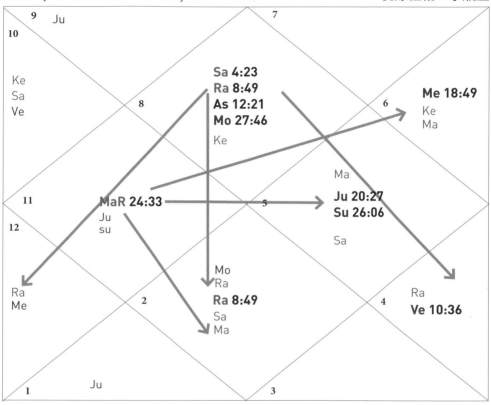

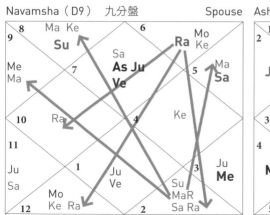

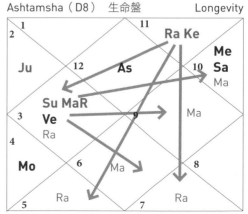

Navamsha（D9） 九分盤　　　　　　　Spouse　　Ashtamsha（D8） 生命盤　　　　　　Longevity

張國榮
1956/9/12 上午 11;50;20 Zone : -08:00 CCT Internet:202 beats
Hong Kong, Hong Kong
Longitude: 114E09 Latitude: 22N17 CurPer: Ra/Sa/Su
Lahiri Ayanamsha: 23:15 365.25 Day Year True Node

吉	✓
半吉半凶	✔X
半凶半吉	✗
凶	✗

| 半吉 ▨ | 吉 ■ |
| 半凶 ▨ | 凶 ▨ |

Dasha/Bhukti periods

Me/Ju	1954/7/28						
Me/Su	1956/11/2		Su/Su	1986/7/13		Ra/Ra	2009/7/13
			Su/Mo	1986/10/31		Ra/Ju	2012/3/25
			Su/Ma	1987/5/1		Ra/Sa	2014/8/19
		30	Su/Ra	1987/9/6		Ra/Me	2017/6/24
		≀	Su/Ju ✓	1988/7/31		Ra/Ke	2020/1/12
		36	Su/Sa	1989/5/19		Ra/Ve	2021/1/29
			Su/Me	1990/5/1		Ra/Su	2024/1/30
			Su/Ke	1991/3/7		Ra/Mo	2024/12/24
			Su/Ve ✓	1991/7/13		Ra/Ma	2026/6/25

Ke/Ke	1956/7/13		Mo/Mo ✓	1992/7/13	Ju/Ju	2027/7/13
Ke/Ke	1956/12/9		Mo/Ma	1993/10/31	Ju/Sa	2029/8/30
Ke/Su	1961/2/8		Mo/Ra	1993/12/12	Ju/Me	2032/3/13
Ke/Mo	1961/6/15	36	Mo/Ju	1995/6/13	Ju/Ke	2034/6/19
Ke/Ma	1962/1/14	≀	Mo/Sa	1996/10/12	Ju/Ve	2035/5/26
Ke/Ra	1962/6/13	46	Mo/Me ✓	1998/5/13	Ju/Su	2038/1/24
Ke/Ju	1963/7/1		Mo/Ke	1999/10/13	Ju/Mo	2038/11/12
Ke/Sa	1964/6/6		Mo/Ve ✓	2000/5/13	Ju/Ma	2040/3/13
Ke/Me	1965/7/16		Mo/Su ✗	2002/1/11	Ju/Ra	2041/2/17

	Ve/Ve	1966/7/13		Ma/Ma ✗	2002/7/13	Sa/Sa	2043/7/13
	Ve/Su	1969/11/12		Ma/Ra ✗	2002/12/9	死 Sa/Me	2046/7/16
	Ve/Mo	1970/11/12		Ma/Ju	2003/12/28	亡 Sa/Ke	2049/3/25
10	Ve/Ma	1972/7/13	46	Ma/Sa	2004/12/3	Sa/Ve	2050/5/4
≀	Ve/Ra	1973/9/12	≀	Ma/Me	2006/1/11	Sa/Su	2053/7/4
30	Ve/Ju ✓	1976/9/11	53	Ma/Ke	2007/1/9	Sa/Mo	2054/6/16
	Ve/Sa	1979/5/13		Ma/Ve	2007/6/7	Sa/Ma	2056/1/15
	Ve/Me	1982/7/13		Ma/Su	2008/8/6	Sa/Ra	2057/2/23
	Ve/Ke	1985/5/13		Ma/Mo	2008/12/12	Sa/Ju	2059/12/31

陳水扁還會東山再起嗎？

> 儘管 Ke 大運也凶衝其事業宮，但大運定位星水星也被勾起，官祿主土星受其映射，未來如何還在未定之天。當然，前提是要有足夠健康的身體。

　　筆者看了前總統陳水扁的印占命盤之後，感觸頗深，昔日是萬人擁戴，高高在上的民選總統，如今卻淪為百病纏身的階下囚。其實以印占大運流年來對照其一生運勢，這個時分頗為吻合，他的一生堪稱高潮迭起，起伏甚大…由於他九分盤財運跟命宮同時也跟夫妻宮互融，也就是息息相關的意思，因此他可以說是成也夫妻敗也夫妻！

　　陳水扁本命盤吉凶並陳的第六宮（也就是僕役宮），有 Ve、Me 兩顆吉星，和 Sa、Ke、Ra、Su 煞星齊聚，其中土星（SA）是官祿宮的定位星，受到入旺的水星映射；而九分盤中，象徵顯貴的木星入命，而十宮主太陽更在十宮獅子座入旺，顯示了他有很好的社會名望與的地位。然而這些吉星受到凶星的包圍，使得他的工作與事業難以穩固。此外土星刑沖到身體（疾厄宮）和海外運（相貌宮），計都則打到事業運（第十宮）及財運（第二宮），至於超強的 Ma 則落於第八宮（疾厄宮）映射至福德宮、財帛宮與兄弟宮。至於九分盤入旺的官祿主太陽則受到兩顆凶星 Ra、Ke 互沖。顯示陳水扁前總統無論在金錢與事業上都有極大的起伏波折，花無百日紅，在健康上更是危機潛伏。

　　觀其一生大運流年，17 歲之前都走羅喉凶星大運，因為羅喉凶星衝照田宅，所

以家運甚為清寒。但是 17 ～ 33 歲就開始走木星吉星大運，開始讀書運考運皆佳，台大法律系畢業的他，在 1975/2/5 ～ 1977/10/6（當時正走 Ju/Ve 流年，本命盤大運木星照夫妻宮，流年金星為夫妻主）與富家女吳淑珍結婚生女，不僅旺到夫妻也旺到了工作與子息（流年金星照官祿主土星、子女主太陽），1976 年並在岳父資助下成立法律事務所，事業也因此蒸蒸日上，同年女兒誕生。

1981 年陳水扁初試啼聲就當選民進黨台北市議員，從此開始他雖然波折不斷，但也漸入佳境的政治生涯。1983/3/26 ～ 1999/9/12 陳水扁處於半吉半凶的 Sa 大運。因為本命盤土星受入旺水星照射、九分盤土星入旺在第三宮的緣故，官運亨通；然而本命盤的夫妻主與夫妻宮的疾厄宮宮主金星也受到土星的刑剋，配偶有血光之虞。這段時間裡，他當選民進黨的中常委與黨團幹事，並且連任立委成功。甚至在 1994 土星大運的月亮流年，當選台北市長；在 2000 土星大運的木星流年，當選總統。但是他的太太吳淑珍，卻在他競選台南縣長落選後陪同謝票的過程中遭拼裝車撞傷，導致下半身永久癱瘓，胸部以下完全失去知覺。其中有一個小插曲，就是在 1985 年他辭去市議員職務，回故鄉台南競選台南縣縣長，競選期間因為腹痛宣稱被國民黨下毒，並吊著點滴躺在擔架上發表演說，最終還是敗給國民黨候選人。敗選翌日，太太便遭拼裝車撞傷以致下肢癱瘓。而這時正是土星大運的土星流年。因為本命土星衝擊僕役宮的關係，我寧願相信他的腹痛屬實，只是是不是國民黨下藥所致，只有天知道了！

在 2002 到 2016 年的水星大運裡，本命盤落於第六宮的僕役主水星受到羅計土星的圍攻，九分盤中第十宮的官祿主太陽受到羅計對沖（太陽是大運運主水星的定位星）實屬大凶之運。儘管 2002/3/25 ～ 2004/8/21 走 Me/Me 的流年再度因為一顆子彈事件連任成功。但是自 2008/5 月卸任之後就開始接受多項司法起訴，自 2008 年 11 月被羈押開始，到 2014/4/9 日陳水扁一直在獄中度過，尤其 2011/9/21 ～ 2014/4/9 走 Ra 流年，健康運勢每更是況愈下，2013/4 ～ 9 月還發生兩次自殺事件，直到 2015 年法務部才核准其可以保外就醫到 2016/2/4。

筆者特別調其掌管壽命健康的分盤八分盤來看，Ke、Ra、Sa 三顆凶星全部映射至第 8 宮，而 69 ～ 76 歲大運走的正是凶星 Ke 大運，尤其是 2019/3/25 ～ 2019/8/22

以及 2022/2/23 ～ 2023/3/13，2024/2/17 ～ 2025/3/28 都要特別注意健康與血光，尤其是攝護腺泌尿系統及腦神經問題。至於陳水扁究竟還會不會東山再起？儘管 Ke 大運也凶衝其事業宮，但大運定位星水星也被勾起，官祿主土星受其映射，未來如何還在未定之天。當然，前提是要有足夠健康的身體。

陳水扁
1950/10/12 上午 07:06:30 Zone : -08:00 CCT Internet:505 beats
Taipei, Taiwan
Longitude: 120E30 Latitude: 23N17 CurPer: Me/Ja/Ma
Lahiri Ayanamsha: 23:10 365.25 Day Year True Node

吉 ■
凶 ■

實際性格：天蠍座

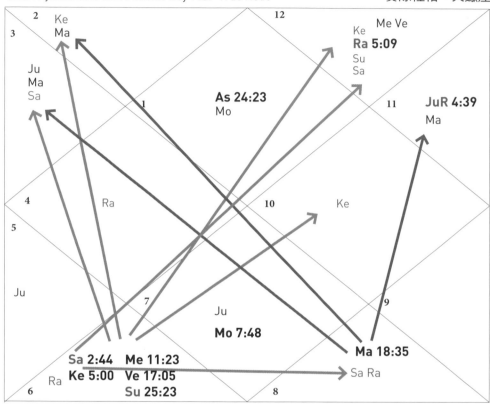

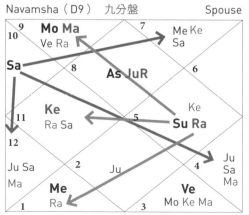

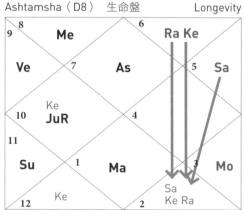

財運跟夫妻宮互融

陳水扁
1950/10/12 下午 07:06:30 Zone : -08:00 CCT Internet:505 beats
Taipei, Taiwan
Longitude: 120E30 Latitude: 23N03 CurPer: Me/Ju/Ma
Lahiri Ayanamsha: 23:10 365.25 Day Year True Node

	吉	✓
	半吉半凶	⤬
	半凶半吉	⤬
	凶	✗

半吉半凶	▨	吉	■

Dasha/Bhukti periods

	Ra/Ra	1949/3/25		Me/Me ✓	2002/3/25	Su/Su	2046/3/25
	Ra/Ju	1951/12/6		Me/Ke	2004/8/21	Su/Mo	2046/7/13
	Ra/Sa	1954/5/1		Me/Ve ✓	2005/8/18	Su/Ma	2047/1/11
1	Ra/Me	1957/3/7	52	Me/Su ✗	2008/6/18	Su/Ra	2047/5/19
≀	Ra/Ke	1959/9/24	≀	Me/Mo	2009/4/24	Su/Ju	2048/4/12
17	Ra/Ve	1960/10/12	69	Me/Ma ✗	2010/9/24	Su/Sa	2049/1/29
	Ra/Su	1963/10/12		Me/Ra ✗	2011/9/21	Su/Me	2050/1/11
	Ra/Mo	1964/9/5		Me/Ju ✓	2014/4/9	Su/Ke	2050/11/18
	Ra/Ma	1966/3/7		Me/Sa ✗	2016/7/15	Su/Ve	2051/3/26

	Ju/Ju	1967/3/26		Ke/Ke ✗	2019/3/25	Mo/Mo	2052/3/23
	Ju/Sa	1969/5/13		Ke/Ve	2019/8/22	Mo/Ma	2053/1/23
	Ju/Me	1971/11/24		Ke/Su	2020/10/21	Mo/Ra	2053/8/24
17	Ju/Ke	1974/3/1	69	Ke/Mo	2021/2/26	Mo/Ju	2055/2/23
≀	Ju/Ve ✓	1975/2/5	生女≀	Ke/Ma ✗	2021/9/27	Mo/Sa	2056/6/24
33	Ju/Su	1977/10/6	76	Ke/Ra ✗	2022/2/23	Mo/Me	2058/1/23
	Ju/Mo ✓	1978/7/25	生子	Ke/Ju	2023/3/13	Mo/Ke	2059/6/25
	Ju/Ma	1979/11/24		Ke/Sa ✗	2024/2/17	Mo/Ve	2060/1/24
	Ju/Ra	1980/10/30		Ke/Me	2025/3/28	Mo/Su	2061/9/24

Sa2

	Sa/Sa ⤬	1983/3/26		Ve/Ve	2026/3/25	Ma/Ma	2062/3/25
	Sa/Me	1986/3/28		Ve/Su	2029/7/25	Ma/Ra	2062/8/21
33	Sa/Ke	1988/12/5	76	Ve/Mo	2030/7/25	Ma/Ju	2063/9/9
≀	Sa/Ve ✓	1990/1/14	≀	Ve/Ma ✗	2032/3/25	Ma/Sa	2064/8/15
52	Sa/Su ✓	1993/3/16	96	Ve/Ra ✗	2033/5/25	Ma/Me	2065/9/24
	Sa/Mo ✓	1994/2/26		Ve/Ju	2036/5/25	Ma/Ke	2066/9/21
	Sa/Ma	1995/9/27		Ve/Sa	2039/1/24	Ma/Ve	2067/2/17
	Sa/Ra ✗	1996/11/5		Ve/Me	2042/3/25	Ma/Su	2068/4/18
	Sa/Ju ✓	1999/9/12		Ve/Ke	2045/1/23	Ma/Mo	2068/8/24

梅艷芳的美麗與哀愁

> 本命盤夫妻宮雖強，卻有太陽凶星座；九分盤卻見羅計（Ke、Ra）及宮主星落陷（Ma）火星刑剋夫妻宮。

女人花　搖曳在紅塵中
女人花　隨風輕輕擺動
只盼望　有一雙溫柔手
能撫慰　我內心的寂寞…

　　這首道盡女人內心寂寞心事的《女人花》，是已故香港「百變天后」梅艷芳最經典的歌曲，至今仍在華人圈再三傳頌，餘音繞樑不絕…。演歌雙棲的梅艷芳，憑藉著低沉憂鬱的嗓音與深刻生動的演技，成為香港八〇年代的演歌偶像天后。除了琅琅上口的成名歌曲「女人花」之外，她跌跌撞撞，坎坷波折的感情生活也常受歌迷與影迷的討論。難道真是紅顏薄命？2003 年她卻不幸因為子宮頸癌併發肺衰竭去世，享年僅僅四十歲，她一生敢愛敢恨，樂善好施，香港人都暱稱她為「香港的女兒」，更留下世人無限的唏噓與懷念。

　　關於梅艷芳的命盤，這裡拿到的資料是 1963 年 10 月 10 日的下午 17 點 45 分。她的印度星盤中，官祿主木星（Ju）入命旺相（木星以雙魚為旺宮），入旺的水星（Me）又在夫妻宮照命。註定了她的一生不會只是平凡無奇的女子，終將發光發熱，燦爛奪目。九分盤的官祿宮裡，第十宮宮主星月亮（Mo）入旺於巨蟹又受木星映射，也顯示了這樣的現象。然而美中不足的是，她的本命盤夫妻宮雖強，卻有太陽凶星座；九分盤卻見羅計（Ke、Ra）及宮主星落陷（Ma）火星刑剋夫妻宮。事實上，

梅艷芳曾與日本天王偶像近藤真彥交往，但為期只有一年，之後的感情，也都時間不長，尤其是 1995 年與趙文卓姐弟戀曝光，剛好是她在走 Me/Ra 的凶星流年，梅艷芳的名氣為兩人帶來沉重的壓力，最終還是步入分手的結局。而她的第八宮更見凶星火星（Ma）與羅喉的映射，為她的健康帶來潛藏的危機。

　　梅艷芳的本命盤土星（Sa）入旺於十一宮，映射入命且入旺的第十宮主木星（Ju），在梅艷芳的土星大運（1967 ～ 1986 年）裡出道，並在 1983 年（Sa/Ju）獲得東京音樂節的兩個獎項，同年專輯「赤色梅艷芳」更獲得五張白金唱片，入圍年度十大金曲；而她也因為演出電影《緣分》，獲得「香港電影金像獎」的最佳女配角獎。1986 年 3 月 22 日進入水星大運後（1986 ～ 2003 年），她的事業蒸蒸日上，光芒愈發耀眼。在 Me/Me 的大運流年盤裡（1986/3/22 ～ 1988/3/17），梅艷芳連續獲得香港勁歌金曲獎的最受歡迎女歌手。電影演出上，也因為演出《胭脂扣》獲得台灣金馬獎與香港金像獎的最佳女主獎。Me/Ke 的流年裡（計都在古典占星中以射手座為旺位，羅喉以雙子座為旺位）更奪得 1989 年《叱吒樂壇流行榜》的「叱吒樂壇女歌手金獎」，被譽為「樂壇女王」，奠定巨星地位。（2000/7/21 ～ 2003/3/22）Me/Sa 的流年中（土星在本命盤居旺位，映射官祿主木星），獲得 2002 年長春電影節的最佳女主角。

　　進入計都（Ke）大運後（2002/3/22 ～ 2010/3/22）儘管在本命盤裡，計都居旺位於射手有助於事業，但在八分盤裡，計都與羅喉卻是凶照八分盤的疾厄宮。2003 年她被證實罹患子宮頸癌，卻為了工作而對當時尚為輕微的病症消極處理，以至於在同年的 12 月 30 日，因為癌細胞擴散到肺部引發呼吸衰竭而病逝。（當時屬於 Ke/Ve 流年，金星正好位於疾厄宮受到火星與羅喉刑剋）以其命盤中諸多行星入旺，而且她自 2009 ～ 2029 走 20 年 Ve 大運，所以如果不是疏於防範，能夠提早治療的話也許命不該絕，真是時阿，運阿，命啊！

　　除了芳華早謝，梅艷芳另一個常為人所感嘆的，就是她的感情境遇。她並沒有遇人不淑，每一段愛情也都彼此付出真誠與真愛，然而卻始終難求正果。以印度星盤來說，本命盤太陽正坐夫妻宮，九分盤裡羅計（？）刑沖夫妻宮都是婚姻不利的徵象。命坐雙魚的她（印度占星中她的第一宮，實際性格也在雙魚），所以她多愁善感，對感情充滿浪漫綺麗的夢想，終其一身最大的願望就是與心愛的人批上白紗，

修成正果。可惜她尋尋覓覓多年，卻苦於無法長相廝守，除了健康不等人之外，縱然有燦爛輝煌的事業，再強悍再成功的女強人內心都有一朵渴望心愛人呵護的女人花，所以感情何嘗不是梅艷芳此生最大之遺憾？最後的臨終演唱會也只能以披白紗嫁給舞台自遣，這是一個不平凡女人一生何其絢麗，又何其淒涼的結局呢！

梅艷芳
1963/10/10 上午 05:45:30 Zone : -08:00 CCT Internet:448 beats
Hong Kong, Hong Kong
Longitude: 109E09 Latitude: 21N17 CurPer: Ve/Mo/Su
Lahiri Ayanamsha: 23:21 365.25 Day Year True Node

實際性格：雙魚座

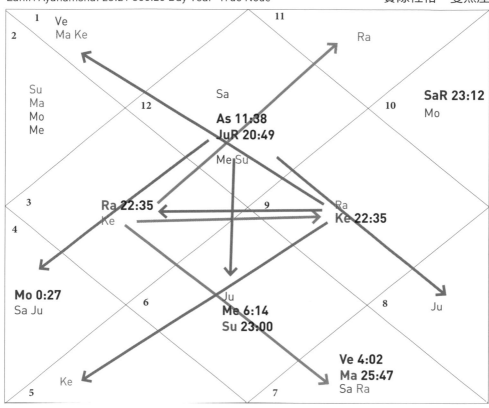

Ashtamsha（D8） 生命盤

Longevity

Navamsha（D9） 九分盤

Spouse

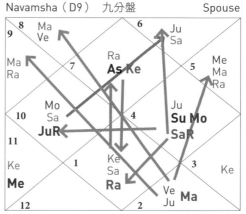

梅艷芳
1963/10/10 下午 05:45:30 Zone : -08:00 CCT Internet:448 beats
Hong Kong, Hong Kong
Longitude: 109E09 Latitude: 21N17 CurPer: Ve/Mo/Su
Lahiri Ayanamsha: 23:21 365.25 Day Year True Node

	吉	✓
	半吉半凶	✗
	半凶半吉	✗
	凶	✗

半吉 ▬	吉 ■
半凶 ▬	凶 ▬

Dasha/Bhukti periods

Ju/Mo	1962/7/22		Ke/Ke ✗	2003/3/22	Mo/Mo	2036/3/21
Ju/Ma	1963/11/21		Ke/Ve ✗	2003/8/18	Mo/Ma	2037/1/20
Ju/Ra	1964/10/26		Ke/Su	2004/10/17 死亡	Mo/Ra	2037/8/21
		40	Ke/Mo	2005/2/22	Mo/Ju	2039/2/20
		～	Ke/Ma	2005/9/23	Mo/Sa	2042/6/21
		47	Ke/Ra	2006/2/19	Mo/Me	2042/1/20
			Ke/Ju	2007/3/10	Mo/Ke	2043/6/21
			Ke/Sa	2008/2/14	Mo/Ve	2044/1/20
			Ke/Me	2009/3/25	Mo/Su	2045/9/20

Sa/Sa	1976/3/22	Ve/Ve	2010/3/22	Ma/Ma	2046/3/22
Sa/Me	1970/3/25	Ve/Su	2013/7/21	Ma/Ra	2046/8/18
Sa/Ke	1972/12/2	Ve/Mo	2014/7/21	Ma/Ju	2047/9/5
Sa/Ve	1974/1/11	Ve/Ma	2016/3/21	Ma/Sa	2048/8/11
Sa/Su	1977/3/12	Ve/Ra	2017/5/21	Ma/Me	2049/9/20
Sa/Mo	1978/2/22	Ve/Ju	2020/5/21	Ma/Ke	2050/9/17
Sa/Ma	1979/9/24	Ve/Sa	2023/1/20	Ma/Ve	2051/2/13
Sa/Ra	1980/11/1	Ve/Me	2026/3/22	Ma/Su	2052/4/15
Sa/Ju ✓	1983/9/8	Ve/Ke	2029/1/20	Ma/Mo	2052/8/20

(4 ～ 23)

Me/Me ✓	1986/3/22	Su/Su	2030/3/22	Ra/Ra	2053/3/22
Me/Ke ✓	1988/8/17	Su/Mo	2030/7/9	Ra/Ju	2055/12/3
Me/Ve ✓	1989/8/15	Su/Ma	2031/1/8	Ra/Sa	2058/4/27
Me/Su	1992/6/14	Su/Ra	2031/5/16	Ra/Me	2061/3/3
Me/Mo	1993/4/21	Su/Ju	2032/4/9	Ra/Ke	2063/9/21
Me/Ma	1994/9/20	Su/Sa	2033/1/26	Ra/Ve	2064/10/8
Me/Ra ✗	1995/9/18	Su/Me	2034/1/8	Ra/Su	2067/10/9
Me/Ju ✓	1998/4/6	Su/Ke	2034/11/14	Ra/Mo	2068/9/2
Me/Sa	2000/7/12	Su/Ve	2035/3/22	Ra/Ma	2072/3/3

(23 ～ 40)

◆ 第 3 章 ◆

好好譜寫各自的生命劇本

38 個客戶諮詢案例與感言

緣起

誠懇聆聽的心與專業的諮詢

其實好的命理老師所扮演的角色並不僅僅是一個論命者，有時候她（他）們反而像一個心理諮商師，因為如果以命運的軌跡以及性格的優缺點搭配來論，其實很輕易就可以看出命主是否有憂鬱或躁鬱的傾向，尤其落在紫微斗數的福德宮或疾厄宮，一旦印占走弱運時，便很容易發病陷入低潮。所以我論命時一定以多種命理，中西合併，交互參看，如此才能完整體現出一個人一生的命運藍圖。

不過因為這次書的主題是以印度占星為主，所以我分析案例時雖然會搭配一些紫微斗數講解，但命盤不會列印出來，主要還是以印占為主，不過每位客戶的感言都是他們親自撰寫的，故事也都是真實的，我不但會經過客戶同意 po 在我的粉絲專頁上，更不會透露真實姓名，所以也就不會有隱私的問題。為了能讓讀者更了解故事主角的實際特質與狀況，我文中會搭配一些紫微斗數來分析，至於運勢部分還是要以印占為主，如此讀者方能更真實進入每個人不同的生命劇本，共同分享他們的快樂與憂傷，因為命占每個人的命盤都迥然不同，所以每個人生的劇本也是獨一無二的。

很多時候客戶會來論命，大部分都是人生面臨某些瓶頸，或對自己的未來感到徬徨與好奇，但也有很多人，不過是想找一個傾聽的對象而已。所以我非常珍惜每個與我有緣相遇的客戶，不管是來自台北、台中、高雄、台灣各地，或是飄洋過海從大陸、香港、馬來西亞、新加坡而來；不論是達官顯要還是市井小民，我都一視同仁，因為對我而言，論命沒有身分貴賤之分。我除了要認真準備命盤並仔細講解之外，還要帶著 一顆願意聆聽的心，所以漸漸的很多客戶都變成了我的好朋友，人際關係也越來越寬廣，對我而言，這何嘗不是除了工作之外最大的收穫？！

✦ 命盤案例 1 ✦

掌握運勢，趨吉避凶

　　每一篇客戶傳給我的感言我都十分珍惜，而且一定會徵求他們同意再 po 上去，內容幾乎一字不改，因為那是他們最真實的心聲，我想強調的是我 po 上去的文章全部都是客戶主動傳給我的，沒有一絲勉強與宣傳意味。

　　我一直很想推廣印度占星這門精確的命理術數，因為台灣懂得印占的老師不多，雖然我上過多次媒體，但大都以鐵版神數為主，一般人對鐵版都充滿了好奇與神秘感，對印度占星比較陌生，不過現在開始有些印占年輕一輩老師崛起，雖然門派算法不盡相同，但我都抱以十分尊重的態度。雖然我始終堅持以多種東西方命理綜合參看，但我始終向客戶強調運勢部分必須以印占為主，但前提是一定要核到正確的時分！

　　以下是客戶在深夜傳給我的 line, 她寫得十分詳細，雖然有點長，但相信大家看了對印占會有一些基本的了解。

　　「美麗氣質的靜唯老師，希望這個時間點傳訊息給妳不會打擾到妳，剛剛我把我那本終生富貴命書拿來看一遍，我發現我好像看的懂自己的運勢吉凶了，雖然我不懂每顆星是什麼意思，不知它是水星還木星，不過因為有老師細心註明的吉星與凶星，我就看了一遍對照了一下，我好像能看懂一些了，像是老師說我若結婚要在 2017.05.31 前 or2018.06.1 後，我想是為了避開 su 這顆沖我夫妻宮的凶星，在往過去驗證，我畢業後一直載浮載沉，遇到好的福利的公司是在 2012.02.20 正式錄取，那時正走 sa 吉星，但運勢好的流年可能也有走幾個運勢較差的流月，我在某個部門一直忍著，因為福利好，但老闆的脾氣真的很不好，後來我忍了一陣子，終於忍不下了，提了離職，但被董事長留下來了，那時正走到我工作吉星 me, 後來我就順利換

部門，還加了薪，一直待在這家福利滿好的公司，其實還有好多事件我都照著這樣在印占上一一驗證了，因為我現在太興奮，印占實在太神奇了！

　　老師，我從去年開始就很愛算命，是非常勤勞的去算，連很有名的紫微詹老師也算，八字、姓名、我都有算，可是沒有一套命理學是像印占這樣那樣量身訂做，難怪對出生的一、兩分都很講究，我覺得我很慶幸能夠與老師諮詢，因為我相信這麼準的印占以後一定會大排長籠～～謝謝老師，下次還要給老師算流月，希望老師不要漲價唷～～嘻嘻！

　　Ps. 我很期待我 2015.10.11 後走吉星 ju.sa.me 星，我工作感情財運會有什麼樣的變化，若我真的中尾牙大獎 or 又升職等 or 戀愛結婚的話，我會再跟老師分享的。

　　我一直都覺得命運是掌握在手裡，但是也不要鐵齒，更不要迷信，但要掌握運勢最好的時候才能達到事半功倍，在運勢不好的時候要懂得低調忍耐來趨吉避凶，真的很希望有更多人能夠有機會認識印占這個神祕又準確的算命術數，感恩美魔女老師～～老師工作不要太累了，好好照顧自己的身體，不然妳累倒了，我們這些迷途羔羊就沒人指點迷津了。」

「紫相」的女人，感情波折較大

　　我想講一下「紫微天相」坐命宮的女人，對宮是破軍，而且一定是位在天羅地網宮，這一生永遠會有衝不破的命運桎梏和牽扯不清的感情困擾，除非有四煞或化權牽動，不然真的很容易有鬱鬱不得志的感覺！

　　但是一旦當「紫相」衝破天羅地網，人生運程就會有180度的轉變，像是一隻蟬俑先用層層的厚繭把自己包裹住，然後內在不斷蛻變轉化，就像洋蔥剝皮一樣，每剝一層皮就掉一次眼淚，當皮已剝盡淚也流乾，最後才幻化為一隻活蹦亂跳的蟬，或是從醜陋不堪的毛毛蟲蛻變為美麗優雅的花蝴蝶…。

　　最近有個客戶深為憂鬱症所苦，但我看她本身並沒有憂鬱症體質，只是情緒起伏較大，而且「紫相」的女人婚姻很少沒有波折的，她純粹是為了感情問題一直到現在還無法放下。她可以為了一個已婚男人放棄家庭和孩子，但男人竟然沒有實現她的承諾離婚，於是她變得一無所有，因為她什麼都給老公了，一心只為與自己所愛的人相守…。

　　天啊！看著她盈泛淚光的雙眼，我無法再說什麼？她說她輕生好幾次，其實我深深體會這種感覺，因為我也曾經為感情痛不欲生過！而「紫相」坐命的女人確實容易為感情想不開，當然這跟性格也有關，因為此命格女人脾氣很大，但外表優雅，所以大概只有最親近的人才能見識到她一翻臉就六親不認的性格吧！

　　她的印度占星雖然本命盤命宮和夫妻宮很漂亮，Ve、Me又有對宮廟旺Sa來照，代表她面貌姣好，異性緣也佳，只可惜九分盤Sa坐夫妻宮落陷，還有命宮凶星Ma來沖，記得我曾在前面提過印占命盤五大宮命宮、夫妻宮、田宅宮、事業宮、財帛宮均是以九分盤為主，所以她的婚姻運十分不理想，應該是從19～35歲走Ra凶星大運時就結婚生子，命盤我都會跟本人核對，所以對照她結婚離婚生子時間絲毫

不差，只可惜當她走 Ju 大運時，也埋下外遇的種子。這是一個讓她一無所有，痛徹心扉的外遇，也導致她罹患如影隨行的憂鬱症。

　　尤其從 2013/5/28 ～ 2014/5/4，以及 2014/5/4 ～ 2016/9/26，她的情緒及身體都要非常注意。我知道她這兩年身體不是很好，但是 2016/9/26--2019/9/30 又開始走 Sa/Sa 凶星大運流年，情緒健康及感情問題還是要特別要注意，與子女緣分亦是聚少離多。不過她生命毅力是強的，但是直到 2029/3/31 ～ 2033/3/16 連走兩個凶星流年，身體一定要特別細心保養。

　　女人晚運走 Me 大運，堪稱苦盡甘來，不但會有老伴，而且心情也會開朗許多，財運海外運亦不俗，也許退休後會過著雲游四海的生活，子女運也不錯。只是 Sa 大運非常長，一定要做好退休後生涯規劃及尋找生活寄託，祝福她，雖然她還在情緒的幽谷，但我相信她最後一定會走出來的！我期待一個全新亮麗的她，因為「紫相」的女人永遠不會嫌老，她們會越活越美麗，唯有歷盡滄桑才會凸顯出來，那種美麗不是平凡的美，而是充滿智慧和閱歷的美。

1965/8/11 上午 07:25:30 Zone：-08:00 CCT Internet:18 beats
Taipei, Taiwan
Longitude: 121E30 Latitude: 23N03 CurPer: Ju/Ra/Ve
Lahiri Ayanamsha: 23:22 365.25 Day Year True Node

Sa ？ 實際性格：巨蟹座

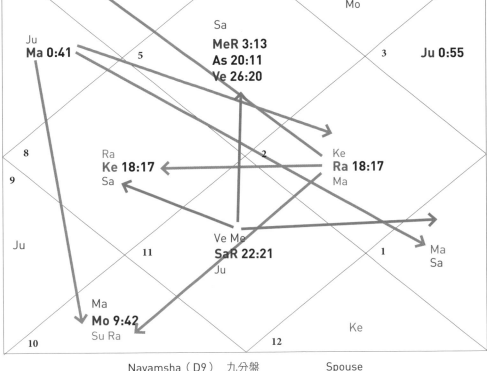

Navamsha（D9） 九分盤　　　　　Spouse

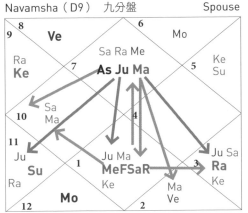

001

1965/8/11 上午 07:25:30 Zone : -08:00 CCT Internet:18 beats
Taipei, Taiwan
Longitude: 121E30 Latitude: 23N03 CurPer: Ju/Re/Ve
Lahiri Ayanamsha: 23:22 365.25 Day Year True Node

吉	✓
半吉半凶	✓
半凶半吉	✗
凶	✗

半吉 ■	吉 ■
半凶	凶

Dasha/Bhukti periods

Su/Ve	1964/9/26	Ra/Ra	1982/9/27		Me/Me	2035/9/27	
		Ra/Ju	1985/6/9		Me/Ke	2038/2/23	
		Ra/Sa	1987/11/3		Me/Ve	2039/2/20	
		Ra/Me	1990/9/8	17	Me/Su	2041/12/21	51
		Ra/Ke	1993/3/28	?	Me/Mo	2042/10/27	?
		Ra/Ve	1994/4/15	35	Me/Ma	2044/3/28	87
		Ra/Su	1997/4/15		Me/Ra	2045/3/25	
		Ra/Mo	1998/3/10		Me/Ju	2047/10/12	
		Ra/Ma	1999/9/9		Me/Sa	2050/1/17	

Mo/Mo	1965/9/27	Ju/Ju	2000/9/26		Ke/Ke	2052/9/26
Mo/Ma	1966/7/28	Ju/Sa	2002/11/14		Ke/Ve	2053/2/22
Mo/Ra	1967/2/26	Ju/Me	2005/5/28		Ke/Su	2054/4/25
Mo/Ju	1968/8/27	Ju/Ke	2007/9/3	35	Ke/Mo	2054/8/30
Mo/Sa	1969/12/27	Ju/Ve	2008/8/9	?	Ke/Ma	2055/3/31
Mo/Me	1971/7/28	Ju/Su	20/11/4/10	51	Ke/Ra	2055/8/28
Mo/Ke	1972/12/27	Ju/Mo	2012/1/27		Ke/Ju	2056/9/14
Mo/Ve	1973/7/28	Ju/Ma ✗	2013/5/28		Ke/Sa	2057/8/21
Mo/Su	1975/3/28	Ju/Ra ✗	2014/5/4		Ke/Me	2058/9/30

		Sa2				
Ma/Ma	1975/9/27	Sa/Sa ✗	2016/9/26		Ve/Ve	2059/9/27
Ma/Ra	1976/2/23	Sa/Me	2019/9/30		Ve/Su	2063/1/27
Ma/Ju	1977/3/13	Sa/Ke	2022/6/9		Ve/Mo	2064/1/27
Ma/Sa	1978/2/17	Sa/Ve	2023/7/19	51	Ve/Ma	2065/9/27
Ma/Me	1979/3/28	Sa/Su	2026/9/18	?	Ve/Ra	2066/11/27
Ma/Ke	1980/3/25	Sa/Mo	2027/8/31	70	Ve/Ju	2069/11/26
Ma/Ve	1980/8/21	Sa/Ma ✗	2029/3/31		Ve/Sa	2072/7/27
Ma/Su	1981/10/21	Sa/Ra ✗	2030/5/10		Ve/Me	2075/9/27
Ma/Mo	1982/2/26	Sa/Ju	2033/3/16		Ve/Ke	2078/7/28

天府坐命，好好把握事業運

「感恩與靜唯老師這奇妙的緣分，這十幾年來我與無數的命理老師結緣過，知名度高的現在還在電視圈活躍的，命理價位高至數萬元還有諮詢時間超過還要以時間計價的，以及甚至於路邊擺攤的命理師，我都結緣過！

這一次，幸好靜唯老師排出時間給我，否則，我可能為了要算鐵版神數而飛到香港去了！也因老師，讓我第一次接觸到印度占星呵呵～真是很神奇的印度占星呀，（先不論未來準確度如何，因為還是要等待時間發生啊）但是，印度占星論我過去每一年甚至於月分發生的好事、不好事，竟然都能夠讓老師直接的詢問我是否在哪個年度至月分發生了什麼事情！十幾年來，給命理師算過無數次命理的我，的確被印度占星嚇到了！也瞭解了老師為何要我精準的出生時間！紫微、八字、星象、奇門遁甲，也都只能論斷出每個年分該注意的事項，而印度占星卻是能清楚的告訴我每個大運每個流年流月的細節！

老師，謝謝妳耶！讓我對於我個人未來人生有了許多信心，不再害怕徬徨過去失敗的事會重演，既然…命中註定如此，那我就不再反抗命運的安排了！女人嘛～心中總還是期待能有一個好歸宿，但是…既然紫微都說我是要做事業的女人，而印度占星也顯示要我好好把握未來的事業運，呵～老師，那我就充滿信心了！」

這個天府坐命的女生第一次來找我的時候，留著一頭俏麗短髮，穿著端莊典雅，但說起話來豪情四海，以前算過無數次命的她，跟我相談甚歡，我們足足聊了快四小時。她是第一次算印度占星，對於印度占星核對過去的事情幾乎完全吻合感到嘖嘖稱奇，尤其是 22 ～ 29 歲走 Ke 凶星大運的時候，在 2010/7/26 ～ 2011/9/4 之間走 Ke/Sa 凶星流年時，因為投資破了很大的財。雖然他的本命盤 Sa 是廟旺的，可是九

分盤的土星卻沒有旺到財運,反而因為這個 Ke 大運刑沖到她的財運,身體和情緒,而九分盤則正沖她的感情,所以這段時間她感情都不順,認識的對象也是使君有婦,雖然對她事業有幫助卻也造成她很大的感情困擾。

雖然他是養女,可是養父母都對她很好,所以她是典型走早運的人,在 22 歲之前就買了人生第一棟房子,時間點剛好落在 2000/9/15 ～ 2002/12/22 走田宅大運時。雖然接下來 29 ～ 49 歲走 Ve 大運,但因為 Ve 是落陷的,所以事業運的起伏還是頗大,只是海外運變強,所以她這兩年常常出國及遠行,感情方面也有新的追求者,但跟前男友之間還是剪不斷理還亂…49 歲之前她應該有結婚生子的機會,尤其是在 2016/12/31 ～ 2018/8/31 及 2022/10/31 ～ 2025/7/1 也可能會有生小孩的機會,所以她不宜早婚。

最近她與我連絡告知我她已經到台東開店,可是我特別提醒她 2015/12/31 ～ 2016/12/31 要非常注意工作的變動及辛苦,所以一切應保守低調為宜。祝福她在這個大運能夠順利完成結婚生子的夢想,並且找到最適合她的真命天子。

002

1983/1/29 上午 03:11:30 Zone : -08:00 CCT Internet:841 beats
Taipei, Taiwan
Longitude: 121E30 Latitude: 23N03 CurPer: Ve/Su/Ma
Lahiri Ayanamsha: 23:27 365.25 Day Year True Node

吉 ■
凶 ■

實際性格：水瓶座

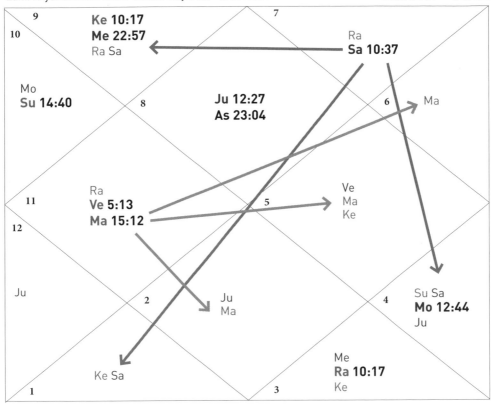

9

10

Ke 10:17
Me 22:57
Ra Sa

7

Ra
Sa 10:37

Mo
Su 14:40

8

Ju 12:27
As 23:04

6

Ma

11

Ra
Ve 5:13
Ma 15:12

5

Ve
Ma
Ke

12

Ju

2

Ju
Ma

4

Su Sa
Mo 12:44
Ju

Ke Sa

1

3

Me
Ra 10:17
Ke

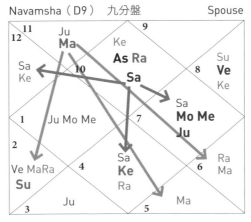

Navamsha（D9） 九分盤   Spouse

11
12

Ju
Ma

9

Ke

As Ra
Sa

8

Su
Ve
Ke

Sa
Ke

10

Sa
Mo Me
Ju

1

Ju Mo Me

7

6

Ra
Ma

2

Ve MaRa
Su

4

Sa
Ke
Ra

3

Ju

5

Ma

002

1983/1/29 上午 03:11:30 Zone : -08:00 CCT Internet:841 beats
Taipei, Taiwan
Longitude: 121E30 Latitude: 23N03 CurPer: Ve/Su/Ma
Lahiri Ayanamsha: 23:37 365.25 Day Year True Node

吉		✓
半吉半凶		✗
半凶半吉		✗
凶		✗

半吉	▨	吉	■
半凶		凶	■

Dasha/Bhukti periods

Sa/Ma	1982/3/5		Ve/Ve ✓	2012/8/31	Ma/Ma	2048/8/31	
Sa/Ra	1983/4/13		Ve/Su ✗	2015/12/31	Ma/Ra	2049/1/27	
Sa/Ju	1986/2/17		Ve/Mo ✓	2016/12/31	Ma/Ju	2050/2/14	
		29	Ve/Ma	2018/8/31	Ma/Sa	2051/1/21	
		≀	Ve/Ra	2019/10/31	Ma/Me	2052/3/1	
		49	Ve/Ju ✓	2022/10/31	Ma/Ke	2053/2/26	
			Ve/Sa	2025/7/1	Ma/Ve	2053//25	
			Ve/Me	2028/8/31	Ma/Su	2054/9/25	
			Ve/Ke	2031/7/2	Ma/Mo	2055/1/30	

	Me/Me	1988/8/31	Su/Su	2032/8/31	Ra/Ra	2055/9/1	
	Me/Ke	1991/1/27	Su/Mo	2032/12/18	Ra/Ju	2058/5/14	
	Me/Ve	1992/1/25	Su/Ma	2033/6/19	Ra/Sa	2060/10/6	
6	Me/Su	1994/11/24	Su/Ra	2033/10/25	Ra/Me	2063/8/13	
≀	Me/Mo	1995/10/1	Su/Ju	2034/9/19	Ra/Ke	2066/3/2	
22	Me/Ma	1997/3/1	Su/Sa	2035/7/8	Ra/Ve	2067/3/20	
	Me/Ra	1998/2/27	Su/Me	2036/6/19	Ra/Su	2070/3/20	
	Me/Ju ✓	2000/9/15	Su/Ke	2037/4/25	Ra/Mo	2071/2/12	
	Me/Sa	2002/12/22	Su/Ve	2037/8/31	Ra/Ma	2072/8/12	

	Ke/Ke	2005/8/31	Mo/Mo	2038/8/31	Ju/Ju	2073/8/31	
	Ke/Ve	2006/1/27	Mo/Ma	2039/7/2	Ju/Sa	2075/10/19	
	Ke/Su	2007/3/29	Mo/Ra	2040/1/31	Ju/Me	2078/5/2	
22	Ke/Mo	2007/8/4	Mo/Ju	2041/8/1	Ju/Ke	2080/8/6	
≀	Ke/Ma	2008/3/4	Mo/Sa	2042/12/1	Ju/Ve	2081/7/13	
29	Ke/Ra	2008/7/31	Mo/Me	2044/7/1	Ju/Su	2084/3/13	
	Ke/Ju	2009/8/19	Mo/Ke	2045/11/30	Ju/Mo	2084/12/31	
	Ke/Sa ✗	2010/7/26	Mo/Ve	2046/7/1	Ju/Ma	2086/5/2	
	Ke/Me	2011/9/4	Mo/Su	2048/3/1	Ju/Ra	2087/4/7	

做成備忘錄，決斷有依據

　　有些客戶真的很細心，會把我印度占星核對的一些大事做成備忘錄，這樣日後可以提醒他每年甚至每月該注意的事項，例如何時適合投資，何時容易破財，何時要注意感情，何時小心血光意外等等…。

　　印度占星因為算到分，甚至精細到連秒都可以影響到幾月幾號的運勢，再加上出生地經緯度，所以每張命盤都是獨一無二屬於自己的運勢，堪稱目前全世界論運勢最精準的命理術數了，所以印度人確實十分有智慧，尤其是融合了天文學、星象學和數字學、統計學的印度占星術！

　　今天客戶遠從屏東開車上來，他只知道是下午 5：00 多生的，所以我從 5：01 分核對到 5：59 分，一共有 7 張命盤，昨天晚上跟客戶在 line 上核對很久，包括結婚、生子、置產、投資、破財、血光，時間皆一一核對出來，最後終於抓出他是 5：28 〜 29 分出生的，這樣今年以後的大運就一目了然了，由於在明年 2 月之前還不適宜投資或合夥，所以我建議他還是守成為要，尤其要注意身邊想劫他財的小人！

　　這就是論命的目的，如果當你正徬徨該何去何從時？早一點知道自己的運勢就能幫助你做正確的決斷，也可以少走許多冤枉路，或破些無謂的財了。真的很多客戶是在投資失敗之後才來找我，印占明白顯示哪段時間確實不宜投資，所謂「千金難買早知道」，所以我十分希望客戶既然花錢來批命，就要真的當成一回事，而不是算了就丟在一邊，如果能整理成一張井然有序的備忘錄，相信對自己未來的運勢多少都會有幫助滴！

歲數	起	結束	期間	運勢	備註	生命關	生命關注意事項
56	2014/3/16	2015/3/13	1Y				
57'58'59'60	2015/3/13	2018/7/12	3.5Y	置產、海外、感情好	投資房產 海外運 田宅運		
60'61	2018/7/12	2019/7/12	1Y	注意身體、血光、工作不順	不要買賣房屋		
61'62'63	2019/7/12	2021/3/12	1.6Y	置產、海外、可投資生億	財運好		
63'64	2021/3/12	2022/5/12	1.2Y	可再置產、海外、感情好	投資房產 夫妻好 田宅運		
64'65'66'67	2022/5/12	2025/5/12	3Y	不宜投資、不宜置產、注意婚姻、注意身體	注意子女		
67'68'69'70	2025/5/12	2028/1/11	2.6Y	運勢旺、貴人、海外運、田宅、	獲利了結		
70'71'72'73	2028/1/11	2031/3/13	3.2Y	破財 注意身體、血光、小人、子女不穩定			
73'74'75'76	2031/3/13	2034/1/11	2.9Y	運勢好			

歲數	起	結束	期間	運勢	備註	生命關	生命關注意事項
76'77	2034/1/11	2035/3/13	1.2Y	夫妻感情、妻身體、心情不佳			
77	2035/3/13	2035/6/30	0.2Y	生命關（大）		注意意外	不宜遠行
77	2035/6/30	2035/12/30	0.5Y	運勢好			
77'78	2035/12/30	2036/5/6	0.5Y	運勢好			
78'79	2036/5/6	2037/3/31	0.8Y	生命關（小）注意血光、妻身體		血光意外	
79'80	2037/3/31	2038/1/17	0.8Y	運勢好			
80	2038/1/17	2038/12/30	1Y	生命關（大）		血光意外	不宜遠行
80'81	2038/12/30	2039/11/5	1Y	運勢好			
81'82	2039/11/5	2040/3/12	0.6Y	生命關（大）		血光意外	不宜遠行

找到生命中最絢爛的春天

「在此之前，我從沒嘗試算命過。沒別的，只因人定勝天。但現實中，生活實在殘酷得令人難受，沒了自己、沒了熱情，生命只剩苟延殘喘。茫茫無止境的黑暗中，似乎還存有那麼一點點微乎其微、一絲絲飄渺不定的光，因為，我遇見靜唯老師。

對老師的專業用心、豐沛文筆、睿智悟道以及清新脫俗氣質早有耳聞。我一如老師過往眾多的信徒，細細聆聽老師優美溫柔的語調說著我的未來…是的，未來。過去太執著的我，因過於鑽牛角尖，失去了自信、失去了對未來生命的憧憬；而忽略了自己真的擁有很多。有一直愛著我的家人，默默關心我的朋友們，我的福氣是身旁有很多貴人，而我視而不見、也沒珍惜這難得的機緣…。

從氣度非凡絕美的靜唯老師身上讓我得到很多啟發與感動。瞭解自己的本質，專注在修行，存善心、做好事。有蛻變，給自己力量，才能成就自己想要的樣子。感謝老師，不吝嗇地給予鼓勵與關心，感恩這寒冬中最溫暖的緣分。」

「廉貞天府」+昌曲照命坐天羅地網宮的女生，外表看似楚楚可憐，氣質高雅，但內心其實頗強勢主觀，不過應對進退得宜，尤其能博得異性好感，一生也有異性之財。不過夫妻宮是殺破狼加左輔文曲，所以婚姻容易有第三者介入，而且一定要第二次婚姻才會比較圓滿，甚至人財兩得，第一次婚姻則是波折不斷。

印度占星她從 22～41 歲都在走 Sa 凶星大運，本命盤 Sa 刑沖財運、情緒、身體、田宅、夫妻、子女，她在這個大運結婚、流產多次讓她痛不欲生，尤其2012/2/21～2013/4/1 以及 2013/4/1～2016/2/6 走 Ma、Ra 連續兩個凶星流年，婚姻被打得落花流水，體無完膚，所以她在 2015/10 月離婚。但還好接下來大運不

錯，相信她可以很快擺脫低潮，2016/2 月開始甚至可能有新戀情或貴人運。尤其是 41 ～ 58 歲開始走非常旺的 Me 大運，不僅旺到田宅運夫妻運也旺到海外運和人際關係，所以她婚姻一定會如倒吃甘蔗般漸入佳境。尤其在 2018/8/19 ～ 2021/1/15 之間還有很強的結婚生子運。最近在聚會中見到她，感覺她從鬱鬱寡歡，心事重重變得神采飛揚、嫵媚動人，我內心真的替她感到高興，希望她能早日擺脫上一段婚姻的陰影，重新找到生命中最絢爛的春天。

003
1977/11/10 上午 11:50:30 Zone : -08:00 CCT Internet:702 beats
Taipei, Taiwan
Longitude: 119E30 Latitude: 23N03 CurPer: Sa/Ju/Ju
Lahiri Ayanamsha: 23:32 365.25 Day Year True Node

吉 ■
凶 ■

實際性格：天秤座

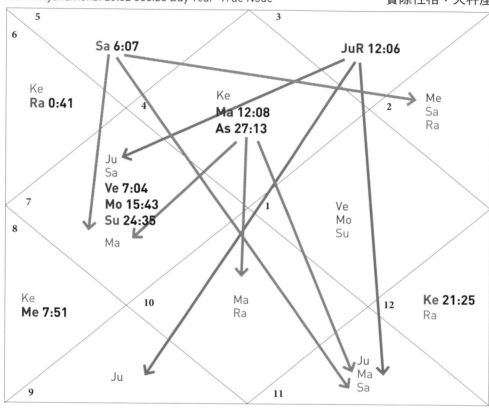

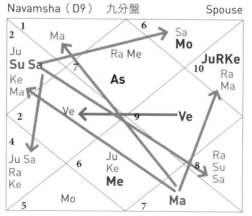

Navamsha（D9） 九分盤   Spouse

003

1977/11/10 下午 11:50:30 Zone : -08:00 CCT Internet:702 beats
Taipei, Taiwan
Longitude: 119E30 Latitude: 23N03 CurPer: Sa/Ju/Ju
Lahiri Ayanamsha: 23:37 365.25 Day Year True Node

吉	✓
半吉半凶	✗
半凶半吉	✗
凶	✕

半吉	▉	吉	▉
半凶	▉	凶	▉

Dasha/Bhukti periods

Ra/Ve	1977/3/8		Me/Me ✓	2018/8/19	Su/Su	2062/8/19
Ra/Su	1980/3/7		Me/Ke	2021/1/15	Su/Mo	2062/12/7
Ra/Mo	1981/1/30		Me/Ve	2022/1/12	Su/Ma	2063/6/7
Ra/Ma	1982/8/1	41	Me/Su	2024/11/12	Su/Ra	2063/10/13
		∫	Me/Mo	2025/9/18	Su/Ju	2064/9/4
		58	Me/Ma	2027/2/18	Su/Sa	2065/6/25
			Me/Ra	2028/2/15	Su/Me	2066/6/7
			Me/Ju	2030/9/3	Su/Ke	2067/4/14
			Me/Sa	2032/12/9	Su/Ve	2067/8/20

Ju/Ju	1983/8/20	Ke/Ke	2035/8/19	Mo/Mo	2068/8/19
Ju/Sa	1985/10/7	Ke/Ve	2036/1/16	Mo/Ma	2069/6/19
Ju/Me	1988/4/19	Ke/Su	2037/3/17	Mo/Ra	2070/1/18
Ju/Ke	1990/7/26	Ke/Mo	2037/7/23	Mo/Ju	2071/7/20
Ju/Ve	1991/7/2	Ke/Ma	2038/2/21	Mo/Sa	2072/11/18
Ju/Su	1994/3/2	Ke/Ra	2038/7/20	Mo/Me	2074/6/19
Ju/Mo	1994/12/19	Ke/Ju	2039/8/7	Mo/Ke	2075/11/19
Ju/Ma	1996/4/19	Ke/Sa	2040/7/13	Mo/Ve	2076/6/19
Ju/Ra	1997/3/26	Ke/Me	2041/8/22	Mo/Su	2078/2/18

Sa/Sa ✕	1999/8/20	Ve/Ve	2042/8/19	Ma/Ma	2078/8/19
Sa/Me	2002/8/22	Ve/Su	2045/12/19	Ma/Ra	2079/1/15
Sa/Ke ✕	2005/5/1	Ve/Mo	2046/12/19	Ma/Ju	2080/2/3
Sa/Ve ✓	2006/6/10	Ve/Ma	2048/8/19	Ma/Sa	2081/1/9
Sa/Su	2009/8/10	Ve/Ra	2049/10/19	Ma/Me	2082/2/18
Sa/Mo	2010/7/23	Ve/Ju	2052/10/19	Ma/Ke	2083/2/15
Sa/Ma ✕	2012/2/21	Ve/Sa	2055/6/20	Ma/Ve	2083/7/14
Sa/Ra ✕	2013/4/1	Ve/Me	2058/8/19	Ma/Su	2084/9/12
Sa/Ju	2016/2/6	Ve/Ke	2061/6/19	Ma/Mo	2085/1/18

22 ∫ 44 (for Sa column)

人生好像一本好書，一生只能讀一遍

「靜唯老師：謝謝妳的鼓勵！如此詳盡而明確地分析我的命盤，從很久以前我就知道我命宮無主星，讓我的個性變得很沒有主見及明顯的特色，妳也一針見血地道出我這一生最大的困擾就是感情婚姻，而當我知道了這些後，我幾乎對自己的終身大事就是淡然處置，也不想談什麼感情，因我知道大概沒什麼結果了，也覺得一定就跟命盤上走的路是一樣的。

當天聽完妳的分析後，深深讓我感覺到（若要問今生是何命，前世所做是），我一直很相信因果的存在，該還的是一定要還的，也讓我更謙卑地去面對這些果報。謝謝老師！」

空宮坐命的人比較沉默，也不太會表達自己內心真正的情緒，所以通常給人一種捉摸不定的感覺，但他疾厄宮是紫微天相，所以潛意識非常有正義感，也有其強勢主觀的一面。夫妻宮也是空宮，福德宮還有空劫沖，其實是對婚姻是很不利的，一生不是感情多挫折就是很難結婚，再加上空宮之人對待六親的感情總是似有若無，所以也跟自己內心缺乏安全感與不穩定感有關吧！

印度占星在他 36 歲之前都走不利婚姻的大運，所以他說他幾乎沒談過正式長久的戀愛，其實男生長得頗斯文俊秀，卻一直沒碰到真正的姻緣。這就是運勢的問題，不過就算他 36 歲以前結婚，婚姻也容易破，所以我反而恭喜他，因為他今年開始就要走一生最好的大運了，姻緣可期，事業也會有不錯的發展。

百年修得同船渡，千年修得共枕眠。現代人離婚率太高，那是因為在多元化社會裡，男男女女都面對太多誘惑，如果以命理角度而言，一生中跟你有緣的生肖可能會有好幾個，不過古時候是一夫多妻，女人更不可能有機會外遇，而現在的一夫

一妻制,卻反而如揠苗助長般催化更多婚外情的產生,所以孰是孰非,真的很難定奪啊!

　　但我始終相信,沒有人會莫名其妙出現在你生命裡,人生也不會有無緣無故的緣分,一切的命中注定也許是前世業力,也許是今生夙緣,更或許是來世之果報,總之,今生多結善緣善果,即便不幸碰上孽緣,也不要自怨自艾,就讓所有的痛苦糾結都在這一世做最圓滿的 ending 吧!

破軍擎羊在夫妻宮，感情是最大罩門

「記得第一次跟靜唯老師碰面約莫 3 年多前，開門剎那，我訝異極了，怎麼會有那麼美的命理老師？那時我剛結束婚姻，面臨返回職場的三角路口，心裡很不安定，聽說印度占星非常精準，於是在網路尋覓中與靜唯老師結上緣分。

第一次碰到結合紫微、印占、塔羅的命理老師，感覺很奇特，所有的疑問都能迎刃有解，而且時間點之精準，不禁令我嘖嘖稱奇。

這三年來，我有事就會請教老師，她也不厭其煩地回答我，從當初經歷事業感情谷底期的不安、失落，到老師斬釘截鐵地告訴我，一切會慢慢轉好，尤其是從 2015 年底～ 2016 開始轉運，神奇的是，最近我的本業真的越來越順利興盛，許多機會自動上門敲磚；還有不少小財及經營副業的機緣，貴人更是源源不絕，一掃我之前種種的陰霾與不順！

更貼心的是，這段期間，老師還會結合其他具有靈通力的老師幫助我找尋方向，她如此無私的傾囊相授，就好像是一拂微風，輕撫我曾經徬徨困惑的心靈…真的只有感恩。」

這個紫微天府坐命的女生很早就來找我論命，她外表看似嬌柔，其實內心是十分有主見的，而且事業心很強，當然破軍擎羊在夫妻宮，感情確實是她一生最大罩門。她在最低潮時來找我，慢慢我們變成了好朋友，而她的運勢我一直十分看好，基本上已經慢慢否極泰來，最近看到她覺得她容光煥發，神清氣爽，身為她的命理老師兼好友，真的替她感到開心！

運勢是需要時間印證的。她印占命盤實際性格是雙子座，所以聰明善變反應快，再加上西洋星座巨蟹座的關係，所以雖然她第一次婚姻失敗，但她一直渴望

有一個小孩。她本命盤命宮夫妻宮被羅計刑沖的很厲害，九分盤 Ve 坐命宮照夫妻宮，所以她長得嬌美可人，異性緣也很旺。她從 14 ～ 34 歲走 20 年 Ve 大運，卻偏偏在 2010/12/23 ～ 2012/2/2 之間走 Ve/Ke 凶星流年時結婚又離婚，34 ～ 40 歲走凶星 Su 大運，正沖夫妻宮，所以不是碰不到適合的感情對象，就是沒有結果，2014/12/29 ～ 2015/12/11 之間她曾經因為身體不適再度詢問我，那時她身體情緒感情都處於一種低潮狀態，我跟她說去年年底開始就會慢慢好起來，結果再見到她果然神采飛揚許多！

　　3 年來看到她的轉變真的一如印占流年流月所言有起有伏，所以我真的很想告訴大家，一旦走弱運時真的不要自暴自棄，因為當你知道何時可以走過人生的幽谷，何時又會柳暗花明，撥雲見日時，人生～真的沒有過不去的坎。

004

1978/7/17 下午 09:59:36 Zone : -08:00 CCT Internet:625 beats
Taipei, Taiwan
Longitude: 121E30 Latitude: 23N03 CurPer: Su/Me/Ve
Lahiri Ayanamsha: 23:33 365.25 Day Year True Node

吉 ■
凶 ■

實際性格：雙子座

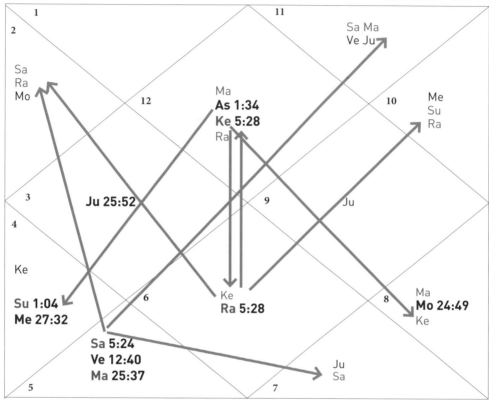

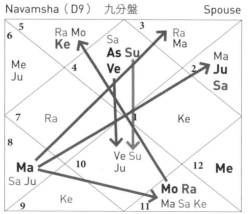

004

1978/7/17 下午 09:59:36 Zone : -08:00 CCT Internet:625 beats
Taipei, Taiwan
Longitude: 121E30 Latitude: 23N03 CurPer: Sa/Me/Ve
Lahiri Ayanamsha: 23:33 365.25 Day Year True Node

吉	✓
半吉半凶	✗
半凶半吉	✗
凶	✗

半吉半凶 ■	吉 ■
	凶 ■

Dasha/Bhukti periods

Me/Ra	1977/8/20	Su/Su ✗	2012/2/22	Ra/Ra	2035/2/22
Me/Ju	1980/3/8	Su/Mo	2012/6/11	Ra/Ju	2037/11/4
Me/Sa	1982/6/14	Su/Ma	2012/12/10	Ra/Sa	2040/3/30
		Su/Ra	2013/4/17	Ra/Me	2043/2/3
34		Su/Ju	2014/3/12	Ra/Ke	2045/8/23
≀		Su/Sa ✗	2014/12/29	Ra/Ve	2046/9/10
40		Su/Me ✓	2015/12/11	Ra/Su	2049/9/10
		Su/Ke ✗	2016/10/16	Ra/Mo	2050/8/5
		Su/Ve ✓	2017/2/21	Ra/Ma	2052/2/4

Ke/Ke	1985/2/21	Mo/Mo	2018/2/22	Ju/Ju	2053/2/21
Ke/Ve	1985/7/20	Mo/Ma	2018/12/23	Ju/Sa	2055/4/11
Ke/Su	1986/9/20	Mo/Ra	2019/7/24	Ju/Me	2057/10/23
Ke/Mo	1987/1/25	Mo/Ju	2021/1/22	Ju/Ke	2060/1/29
Ke/Ma	1987/8/26	Mo/Sa	2022/5/24	Ju/Ve	2061/1/4
Ke/Ra	1988/1/23	Mo/Me	2023/12/23	Ju/Su	2063/9/5
Ke/Ju	1989/2/9	Mo/Ke	2025/5/24	Ju/Mo	2064/6/23
Ke/Sa	1990/1/16	Mo/Ve	2025/12/23	Ju/Ma	2065/10/23
Ke/Me	1991/2/25	Mo/Su	2027/8/23	Ju/Ra	2066/9/29

Ma ?

Ve/Ve	1992/2/22	Ma/Ma	2082/2/22	Sa/Sa	2069/2/21
Ve/Su	1995/6/24	Ma/Ra	2082/7/20	Sa/Me	2072/2/25
Ve/Mo	1996/6/23	Ma/Ju	2029/8/8	Sa/Ke	2074/11/4
Ve/Ma	1998/2/22	Ma/Sa	2030/7/15	Sa/Ve	2075/12/14
Ve/Ra	1999/4/24	Ma/Me	2031/8/23	Sa/Su	2079/2/13
Ve/Ju	2002/4/23	Ma/Ke	2032/8/20	Sa/Mo	2080/1/26
Ve/Sa	2004/12/22	Ma/Ve	2033/1/16	Sa/Ma	2081/8/26
Ve/Me	2008/2/22	Ma/Su	2034/3/18	Sa/Ra	2082/10/5
Ve/Ke ✗	2010/12/23	Ma/Mo	2043/7/24	Sa/Ju	2085/8/11

(14 ≀ 34 — Ve column; 50 ≀ 57 — Ma column)

一個中年男子的痛苦與糾結

「一小撮米，可以煮成粥，可以煮成白飯，還可以釀成一碗美酒，人生也是如此，總是經由不同的烹調與醞釀，方能變出種種不同的味道。」

那天來了一個天相坐命，對宮武曲破軍加紅鸞的中年男子，未謀面之前從紫微命盤就已看出他可是個超級大桃花星，印度占星的夫妻宮也是吉星煞星雲集，熱鬧非凡！

這個男人雖是天相坐命在暖水之局亥宮，水星入水宮再加上紅鸞天喜，桃花滾滾有如一片汪洋…因為遷移宮武曲破軍的關係，這個男人不同於其他天相的斯文俊秀，文質彬彬，反而舉手投足之間多了一些滿不在乎的江湖味，其實「男人不壞，女人不愛」確實有些道理，那種粗線條又白白淨淨，有點痞痞的男人的確是很吸引女人的。

我說：「先生，你桃花很旺歐！」他大方地聳聳肩，彷彿這是一件最最微不足道的小事！

「老師，我要問的是事業啦！我真的苦熬了很久，何時才會轉運啊？」我細看他印占大運流年，不管是本命盤還是九分盤，他的命宮都坐著吉星 Ju、廟旺的 Ve 和 Sa，而且直接映射到夫妻宮，所以他異性緣十分之旺，但是因為九分盤有兩顆凶星 Ke、Ra 互沖，感情波折也難以避免。22 歲之前就走 Sa 大運的他，17 歲時走 Sa/Ra 流年就結婚生子，然後一路成家立業生子，22 ～ 39 也在走 Me 吉星大運的他，可以說是早發型最佳代表，Me 落入他的財帛宮，所以他很年輕就賺了很多錢，但是 Me 同時也被 Su、Ke、Ra、Sa 凶星在打，於是橫發也就容易橫破，從 2007/11/4 ～ 2010/7/14 他就兵敗如山倒，甚至負債累累，39 ～ 46 歲都在走 Ke 凶星

大運，不僅破財還離婚，一直到 2014/7/2 ～ 2015/6/8 之後才稍有起色，2015/6/8 ～ 2016/7/17，Ke/Sa 流年之間他又遇到新的感情對象。

　　37 歲前的他擁有了許多人夢寐以求的財富事業，以及多采多姿的感情際遇，可是早發的人也可能早破，接著他開始走人生最低潮的 7 年，印占看出他 2014 年離婚，人生處於最大的低潮，也看出他那年有很強的子女運，但孩子跟他無緣！他無奈地點點頭，說這不是他老婆生的，可是連孩子的媽也跟他徹底翻臉，而且完全不讓他見小孩，從他深鎖的眉頭中，我看到一個中年男子的痛苦與糾結…。

　　其實他 17 年就要再走 20 年金星大運了，桃花還是強強滾，而且紫微命盤（昌曲夾財帛），大運（昌曲夾事業），相信他只要把握住好的流年時機，很快就可以東山再起的！不過（空劫）沖夫妻宮，感情問題還是千絲萬縷，剪不斷，理還亂啊！

005
1971/1/12 上午 03:30:18 Zone : -08:00 CCT Internet:854 beats
Taipei, Taiwan
Longitude: 121E30 Latitude: 24N03 CurPer: Ke/Sa/Ma
Lahiri Ayanamsha: 23:27 365.25 Day Year True Node

吉 ■
凶 ■

實際性格：天秤座

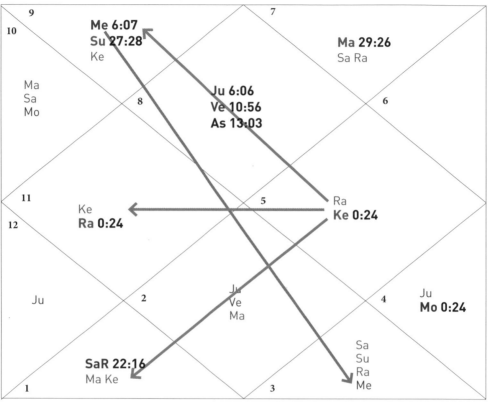

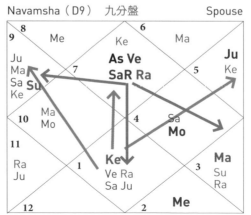

Navamsha（D9） 九分盤   Spouse

005
1971/1/12 下午 03:30:18 Zone : -08:00 CCT Internet:854 beats
Taipei, Taiwan
Longitude: 121E30 Latitude: 23N03 CurPer: Ke/Sa/Ma
Lahiri Ayanamsha: 23:27 365.25 Day Year True Node

吉		✓
半吉半凶		⅍
半凶半吉		⅍
凶		✗

半吉	▩	吉	■
半凶		凶	▩

Dasha/Bhukti periods

Ju/Mo	1969/11/13		Ke/Ke	2010/7/14		Mo/Mo	2043/7/14
Ju/Ma	1971/3/15		Ke/Ve	2010/12/10		Mo/Ma	2044/5/14
Ju/Ra	1972/2/18		Ke/Su	2012/2/9		Mo/Ra	2044/12/13
		34	Ke/Mo	2012/6/16		Mo/Ju	2046/6/14
		﹛	Ke/Ma	2013/1/15		Mo/Sa	2047/10/14
		40	Ke/Ra	2013/6/13		Mo/Me	2049/5/14
			Ke/Ju ✓	2014/7/2		Mo/Ke	2050/10/13
			Ke/Sa ⅍	2015/6/8		Mo/Ve	2051/5/14
			Ke/Me	2016/7/17		Mo/Su	2053/1/12

Sa ?

Sa/Sa	1974/7/14		Ve/Ve	2017/7/14		Ma/Ma	2053/7/14
Sa/Me	1977/7/17		Ve/Su	2020/11/12		Ma/Ra	2053/12/10
Sa/Ke	1980/3/26		Ve/Mo	2021/11/12		Ma/Ju	2054/12/28
3	Sa/Ve	1981/5/5	46	Ve/Ma	2023/7/14		Ma/Sa	2055/12/4
﹛	Sa/Su	1984/7/4	﹛	Ve/Ra	2024/9/12		Ma/Me	2057/1/12
22	Sa/Mo	1985/6/16	66	Ve/Ju	2027/9/13		Ma/Ke	2058/1/9
	Sa/Ma	1987/1/16		Ve/Sa	2030/5/14		Ma/Ve	2058/6/7
	Sa/Ra ⅍	1988/2/24		Ve/Me	2033/7/14		Ma/Su	2059/8/8
	Sa/Ju	1990/12/31		Ve/Ke	2036/5/14		Ma/Mo	2059/12/13

Me/Me	1993/7/14		Su/Su	2037/7/14		Ra/Ra	2060/7/14
Me/Ke	1995/12/10		Su/Mo	2037/10/31		Ra/Ju	2063/3/27
Me/Ve	1996/12/7		Su/Ma	2038/5/2		Ra/Sa	2065/8/19
22	Me/Su	1999/10/7		Su/Ra	2038/9/7		Ra/Me	2068/6/25
﹛	Me/Mo	2000/8/13		Su/Ju	2039/8/2		Ra/Ke	2071/1/13
39	Me/Ma ✗	2002/1/12		Su/Sa	2040/5/20		Ra/Ve	2072/1/31
	Me/Ra ✗	2003/1/10		Su/Me	2041/5/2		Ra/Su	2075/1/31
	Me/Ju	2005/7/29		Su/Ke	2042/3/8		Ra/Mo	2075/12/26
	Me/Sa ✗	2007/11/4		Su/Ve	2042/7/14		Ra/Ma	2077/6/25

太陰祿存坐命的男人，心細如髮

「命運若是安排小人給你，是為了讓你認清自己；命運若是安排你跌倒，是為了讓你自己爬起來；命運若是安排你迷路，是為了讓你柳暗花明；每一個厄運低潮的背後，事實上都隱藏著祝福與命運的玄機…。」

我一看到這個男人，就覺得他是個有故事的人。不僅僅是因為我看過他的命盤，更是在見到他本人之後，看到他臉上及眼底所刻畫出來的風塵與滄桑…。

他很特別，晚上7:30帶著一包檳榔，邊嚼邊聽我論命，很典型眷村出來的子弟，渾身散發一股毫不在乎的江湖味，如果不是看到他的命盤，我想我會有點戒心，但太陰祿存坐命的男人，對宮天同，心細如髮，有時甚至比女人還要敏感纖細，只是現在已入知天命之年，感情上的屢敗屢戰早已讓他練就一身冷漠剛硬的外表，其實他心地真的很柔軟，像一個浸滿水的泡棉，隨時可以掐出柔情似水的眼淚來…。

但是印度占星看出他身邊的小人實在太多，在他 25 ～ 43 走 Ve 大運這段最輝煌時期，流年好時一天可以賺好幾百萬，當時有多少人雨露均霑，逢迎拍馬，可一旦他生意失敗，兵敗如山倒時，又有多少人避之唯恐不及，而當初受過他恩惠的人竟然是背叛他最深的人…。

其實傷害他最深的應該是他第一段婚姻吧！ 18 歲走 Ke/Ke 凶星流年時就奉子成婚，其實結婚的時間點是不對的，不是遇到不對的人就是不適合，雖然後來被前妻背叛，包括金錢感情都讓他一貧如洗，但他到現在還深深愛著他前妻，這就是太陰天同的男人，對感情總是有著太浪漫的情懷與不切實際的幻想，但我反而有點羨慕他，一個內心沒有恨的男人其實是最懂得知足惜福的。

男人從 45 ～ 51 走 Su 凶星大運時已失意了很久，雖然娶了一個大陸配偶，還

生了一個可愛的女兒，因為這個大運有夫妻及子女運，但是工作一直十分不穩定。雖然接下來的 Mo 大運是落陷的，工作不盡如意，但只要求不要太多，平平凡凡也是一輩子，主要是要開始注意她的身體健康，畢竟他孩子還小。

　　事後他傳 line 給我：「跟你聊完之後，我突然覺得渾身充滿能量！」我竟然有點熱淚盈眶的感覺，因為這樣一個身經百戰，甚至可以說消沉已久的男人，又重新對生活充滿熱情與期待，這真的是百轉千迴，得之不易啊！

　　他有提到想做點小生意，其實即便是賣一碗小小的豆花，我都相信那絕對是世界上最好吃的豆花！因為一個懂得放下身段，不被命運擊倒的男人，才真正算得上是頂天立地的男子漢。

006

1962/1/4 上午 06:50:38 Zone : -08:00 CCT Internet:993 beats
Taipei, Taiwan
Longitude: 121E30 Latitude: 25N03 CurPer: Mo/Ju/Sa
Lahiri Ayanamsha: 23:19 365.25 Day Year True Node

吉 ■
凶 ■

實際性格：魔羯座

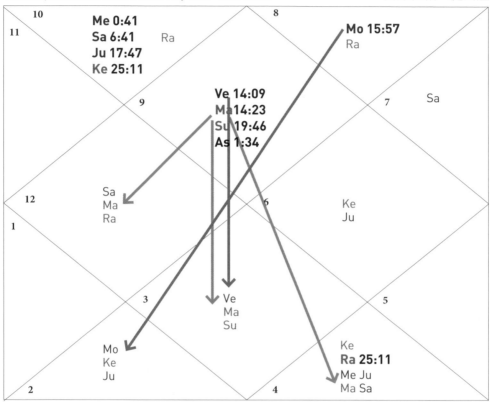

Me 0:41
Sa 6:41
Ju 17:47
Ke 25:11

Ra

Mo 15:57
Ra

Sa

Ve 14:09
Ma14:23
Su 19:46
As 1:34

Sa
Ma
Ra

Ke
Ju

Ve
Ma
Su

Mo
Ke
Ju

Ke
Ra 25:11
Me Ju
Ma Sa

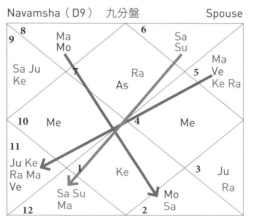

Navamsha（D9）　九分盤　　　　Spouse

Ma
Mo

Sa
Su

Ma
Ve
Ke Ra

Sa Ju
Ke

Ra

As

Me

Me

Ju Ke
Ra Ma
Ve

Ke

Ju
Ra

Sa Su
Ma

Mo
Sa

006

1962/1/4 下午 06:50:38 Zone : -08:00 CCT Internet:993 beats
Taipei, Taiwan
Longitude: 121E30 Latitude: 25N03 CurPer: Mo/Ju/Sa
Lahiri Ayanamsha: 23:19 365.25 Day Year True Node

吉　　　✓
半吉半凶　Ⅸ
半凶半吉　Ⅹ
凶　　　✕

半吉 ▦　吉 ■
半凶 ▦　凶 ▦

Dasha/Bhukti periods

Sa/Ju	1960/6/26	Ve/Ve ✓	1987/1/8		Ma/Ma	2023/1/8
		Ve/Su	1995/5/9		Ma/Ra	2023/6/6
		Ve/Mo	14991/5/10		Ma/Ju	2024/6/23
		Ve/Ma ✕	1993/1/7	61	Ma/Sa	2025/5/30
	25	Ve/Ra ✕	1994/3/9	⟨	Ma/Me	2026/7/9
	⟨	Ve/Ju	1997/3/9	68	Ma/Ke	2027/7/6
	45	Ve/Sa ✕	1999/11/8		Ma/Ve	2027/12/2
		Ve/Me	2003/1/8		Ma/Su	2029/2/1
		Ve/Ke ✕	2005/11/8		Ma/Mo	2029/6/8

Me/Me	1963/1/8	Su/Su ✕	2007/1/8	Ra/Ra	2030/1/8
Me/Ke	1965/6/5	Su/Mo	2007/4/27	Ra/Ju	2032/9/20
Me/Ve	1966/6/3	Su/Ma	2007/10/27	Ra/Sa	2035/2/13
Me/Su	1969/4/2	Su/Ra	2008/3/3	Ra/Me	2037/12/30
Me/Mo	1970/2/7	Su/Ju	2009/1/26	Ra/Ke	2040/7/9
Me/Ma	1971/7/9	Su/Sa	2009/11/14	Ra/Ve	2041/7/27
Me/Ra	1972/7/6	Su/Me	2010/10/27	Ra/Su	2044/7/27
Me/Ju	1975/1/23	Su/Ke	2011/9/2	Ra/Mo	2045/6/21
Me/Sa	1977/4/30	Su/Ve	2012/1/8	Ra/Ma	2046/12/20

(45 ⟨ 51 between Me and Su columns)

Ke/Ke	1980/1/8	Mo/Mo	2013/1/7	Ju/Ju	2048/1/8
Ke/Ve	1980/6/5	Mo/Ma	2013/11/8	Ju/Sa	2050/2/25
Ke/Su	1981/8/5	Mo/Ra	2014/6/9	Ju/Me	2052/9/8
Ke/Mo	1981/12/11	Mo/Ju	2015/12/9	Ju/Ke	2054/12/14
Ke/Ma	198/2/7/12	Mo/Sa	2017/4/9	Ju/Ve	2055/11/20
Ke/Ra	1982/12/8	Mo/Me	2018/11/8	Ju/Su	2058/7/21
Ke/Ju ✓	1983/12/27	Mo/Ke	2020/4/8	Ju/Mo	2059/5/10
Ke/Sa Ⅸ	1984/12/2	Mo/Ve	2020/11/7	Ju/Ma	2060/9/8
Ke/Me	1986/1/11	Mo/Su	2022/7/9	Ju/Ra	2061/8/14

(51 ⟨ 61 between Ke and Mo columns)

表面平易近人，內心隱性叛逆

「老師你好，我是上周二，一個天同坐命的男子，一份遲來的感謝（smile）…。那天與老師碰面後，心底有種撥雲見日、豁然開朗的感覺，對於未來更充滿了信心與勇氣，現在的我還沒有什麼成就，經歷的也不多，一開始不敢相信我有不錯的運勢，隨著老師的詳細解說，許多個性上與已知的事情被清楚地點出，讓我暗自佩服。接近尾聲時，我心裡很高興能與老師結緣，也知道未來一定會再與老師相會。謝謝老師點燃了一盞明燈，解決我心裡很多的疑惑，也許某天能與老師再度談論人生奇妙的際遇！

結束後的日子，我反覆看過資料，許多東西正如老師所言～～我遇到的客戶層次比較高，而我以前事業上正巧是負責較高端的區域。這次感情的挫折，恰恰改變了我事業的方向與決定，也因為如此讓我有向海外發展的強烈想法。巧妙的是，如果早幾個月碰上老師，這想法未必能成形，可能作用就不大了，所以與老師結緣的時間也是不早不晚，非常奇妙。

雖然這段時間讓我嚐到很多苦難，也因為如此，許多人生的規劃必須要短期做出抉擇，這樣的結果讓我剎那陷入一片低潮、慌亂中。當一個人陷深陷在重重關卡裡，很容易迷惘看不透，也往往會只沉溺在那些自以為美好，不切實際的夢想中。

經過老師的論命，讓我深刻感受到～～對那些與你無緣的過客就學著釋懷與放下吧！這個重大的轉折當下改變了我，老師就像我生命中的貴人，推了我一大把，讓我重新回到原來該走的路。

論命前我面臨許多兩難的抉擇，包括事業、感情、家庭交疊在一起，讓我心中有如一團濃霧，縱使心裡有時會出現一個真正的聲音，但又容易…再次失去。多虧老師的用心準備與解說，看著那密密麻麻的內容，一一點出我自身的情況，並詳細

勾勒出我的過去與未來，頓時讓我心裡豁然開朗，也讓我更有信心去面對未來的挑戰。

命運很神奇，回首過去有許多機緣巧合，未來人生也有各種滋味等待著我去品嚐及細細品味…。好運時，乘著風飛得更遠；壞運時，避開浪頭駛得穩…。」

這是去日本前客戶傳給我的，文筆細膩感人，雖然我已記不得他的命盤，但天同是顆苦盡甘來，白手起家的福星，不過感情易放難收，表面平易近人，很好相處，但內心卻有著蠶食型，隱性的叛逆，所以也比較情緒化，就像一個外表成熟的大人，內心永遠住著一顆孩子氣，需要被呵護被重視的赤子之心…。

所以他非常善於用感情打動人，但有得必有失，感情也是他一生最大的罩門，不過最重要的還是印度占星運勢，走弱運時低調沉潛，走好運時展翅高飛，論命不過是趨吉避凶，讓你搶先一步提前規劃你的人生。至少當你陷在人生幽谷時不會放棄希望，因為你知道再壞的厄運都會過去，只是因為你曾經扎扎實實地走過一遍，痛過也哭過，所以在你生命中留下難以磨滅的印記，而這些種種的試煉與魔考，都是你獨一無二人生中的一部分，沒有人能與你分享，只有你自己。最後你才會發現一帆風順的人生不一定精彩，就好比最最甜美的果實往往是在經過風吹雨打，依舊高掛在樹枝上最驕傲多汁的那一顆！

桃花朵朵舞春風

「不知道為什麼讓老師論命完之後有種很安心踏實的輕鬆感，連身邊的人都對我說，怎麼覺得你算命後整個人看起來心情很好。雖然因為自己烏龍跑了兩次，但我還是覺得這錢應該花而且值得。

有時候當局者迷，真的需要一個專業的人以不同的角度和方式為你指點迷津，命是註定的，但運可以改，謝謝老師跟我說我哪裡的不足和該注意的地方，這是我這輩子花最貴的一次算命，但沒關係也是最後一次了。

對了，老師，以前我算命的時候，都是聽誰說哪個老師很厲害，然後就很興奮地跑去，然後對於過去也都覺得好像滿準的，未來就半信半疑…。哈哈，事實證明也都沒有印證那些算命所說的，重要的是，我覺得老師跟之前我遇到的那些算命老師最大不同在於～～老師你給我感覺很溫暖喔！

你說的話很有安定人心的效果耶，而且其實我滿沒自信的，但經過你的論命後，我突然覺得其實我也是滿不凡的耶！哈哈，我是在某天亂滑 FB 時突然看到有朋友按你的粉絲專頁，然後莫名地就吸引我點進去看，越看越心動然後就馬上加了老師的 line，又立刻約了時間，老天爺其實對我很好，在我最失意無助沒有方向的時候讓我遇見您，讓我對未來不再那麼害怕徬徨，甚至充滿期待，真的很感謝老師唷…。」

這個可愛的女生連找我兩次，第一次她沒去查出生證明，後來去查才發現時間差很多，她又重算一次，這中間的差別可是天差地遠歐，難怪她都覺得以前的老師講得模稜兩可，結果她是貪狼化忌坐命在子宮的女生，再加上文曲，也就是所謂「泛水桃花」，真是「桃花朵朵舞春風」，還好有一個化忌，稍稍克制了她氾濫成河的異性緣，不過一生感情困擾難免！也就是要她謹慎處理感情的問題，尤其是分手的

藝術！

　　通常貪狼一加上文曲，媚眼勾魂，風情萬種，尤其長得嬌悄豔麗，也頗懂得抓住異性心理，很少男人拒絕得了的！但她十分容易被已婚人士追求，所以感情確實會是她一生中很大的罩門。其實命盤看多了會變得看盡人生百態，包容心也會更強，我對婚姻的態度也比較理性開放，畢竟真的有些女人不是故意做小三的，因為她們本身就具備吸引已婚男人的特質，所以很感情真的很難說是誰對誰錯！

　　這個女孩印度占星接著走較為平順的 10 年月亮大運，是適合結婚生子的時間，最近她又來找我算塔羅牌，連男友都一起帶來看印占運勢，兩個人同時走海外運及婚姻運，時間點恰恰落在今年過完農曆年後，看他一副戀愛中女人甜蜜的模樣，連我都覺得年輕真好，戀愛真好！

　　女孩中年以後事業運更旺，晚運也十分優游，真的衷心祝福她快快找到疼愛她的另一半，看來桃花就在不遠方囉！

走出痛苦婚姻，經濟先獨立

「與其為別人的背棄和不善耿耿於懷，還不如致力經營自己的尊嚴和美好。」——可可·香奈兒

曾經有一個廉貞天府加右弼坐命的客戶，來之前看她紫微就知道她是個面容姣好，膚白俏麗的女生，乍看之下果然沒錯，只是天府在命宮，中年會有逐漸發福的傾向，而且體重還跟財富成正比，我就是紫微在命宮的人，所以這一生都在和體重計數字奮戰不休，我想每個女生都是想身材和財富兩者兼得的，呵呵！

女生和她的閨蜜一起來，她很早就走金星大運，30 歲之前已經完成結婚生子的人生大事，可是觀其紫微是破軍在夫妻宮，而且還文曲化忌＋紅鸞，三方四正桃花星雲集，基本上廉府是女強人格局，交際手腕也頗圓融，再加上她廉貞化祿自化祿，也就是所謂的「賺錢桃花」，異性之財很旺，也可以靠人際關係賺錢，其實是不宜早婚的格局！

可是她把人生中最精華的歲月都奉獻給家庭和一對子女，老公雖然讓她衣食無虞，卻也外遇不斷，讓她接著走入人生中最黑暗的 Su 凶星大運，破軍的老公依舊我行我素，即便她一直抓到他外遇的把柄，他也不以為意，甚至也不願離婚⋯。

在這看似不長卻很煎熬的 6 年大運中，她處處求神問卜，甚至去斬先生桃花，每天都在和先生諜對諜，一切一切的機關算盡只換來讓她更心痛的結果！我始終覺得台灣法律其實對失婚婦女是沒什麼保障的，離婚要捉姦在床，贍養費男人也可以說不付就不付，所以女人怎麼能不自立自強呢？

還好她太陽凶星大運快走完了，即將走比較好的月亮大運，我看出她事業的新契機，她也想開一間美甲店，我鼓勵她先走出來，讓自己先經濟獨立，別再浪費生命在老公的花花草草上了！所謂，當女人一旦變美變強大，老公可就要開始緊張囉，

更何況她確實是有這個條件的。

　　但離婚一事牽扯太多，必須也要參考她老公的命盤，兩人之間的緣分千絲萬縷，糾葛不清，必須走到下一個打到婚姻的流年才有可能解決，所以我勸她就把這位外遇慣犯先掛在牆壁上吧！最重要的是把孩子顧好，然後找份工作，首先去進修充實自己，然後讓自己改頭換面，煥然一新！

　　前陣子她跟我說已經準備跟老公離婚，老公索性切斷她所有經濟支援，不過她已經考上美甲證照準備開業了，我相信印占她的壞運即將過去，甚至還會有新的感情際遇，因為女人終究是為自己做對了一件事，男人再有錢再有成就也不見得永遠是終身的依靠，現代的婚姻契約一打一輩子，確實對弱勢的女人不太公平，所以不管是嫁入豪門還是好門，女人終究是要有危機意識的，有些豪門婚姻包裝得金碧輝煌，但我從來不羨慕，因為我知道在這樣的婚姻之下，女人過得不一定真正快樂，因為她們常常要犧牲掉自己的愛恨嗔癡，這就是命運，命盤很少有完美的婚姻，當然，婚姻之所以不完美，這才叫婚姻。

　　讓自己過得更好，更獨立～～這才是對不斷傷害自己的男人最大的報復。

懷孕的女人最美！

　　昨天來的客戶是去年初算的，她姣好的容貌頗讓我驚豔，當初是算她和老公的三合一，一直想懷孕的她如今終於如願以償，而且時間點恰恰是落在我預測今年9月～12月，她已決定11/29下午3～3：30生產，因為長輩已經用紫微幫她選好時間，她還是希望我用印度占星幫她在這半小時內選擇一個較好的分鐘，於是我選了3：27～3：30這時間，因為財運、田宅運、事業運、婚姻運都不錯，唯一美中不足的是身體較弱，因為命盤就像人生沒有十全十美，印度占星再好的大運也會有凶星，只是凶星多寡和行運的排列不同會造成命運的差異。

　　她女兒紫微斗數是武曲七殺祿存坐命，對宮是天府，基本上是十分強勢主觀固執的個性，有點像女生男命，媽媽則是美美柔弱的天同太陰，女兒印占命盤在9歲以後叛逆性會較強，不好管教，雖然母親有點愕然，但我覺得這個紫微雖不是我選的，但選得不差，只是命格與母親南轅北轍而已，所以在教養上也要頗費心力。

　　她的印占九分盤子女宮是廟旺的Sa，映射到夫妻宮和財帛宮，尤其財運有MeJuSa映照，定位星又是Ju這顆大吉星，所以注定財運不俗。尤其我選了一個超漂亮的行運，幾乎是從出生到45歲就連走3個JuSaMe大運，真是宇宙無敵超好命！只有45～52歲走一生中比較低潮的7年Ke大運，接著52～72又走20年Ve大運，雖然中間過程一定起起伏伏，尤其9～28歲要特別注意身體及情緒，因為本命盤Sa落陷打到第8宮，但調出她的四分盤第4宮讀書宮來看，宮主星定位星都是廟旺Sa，所以小孩是可以好好栽培念書的，考運一定不差。

　　整體來說，這真的是一張很漂亮的命盤！至於她會不會真有一個漂亮的人生，還是要靠自己努力及父母的培育，因為好運是不會從天上掉下來的，所以我從不鼓勵迷信，即便剖腹選了一個很好的時分，也許她的起跑點已經比別人好了許多，但是成長以後的人生還需要她自己用心去經營。

其實以前若選女命都是希望嫁個好老公，可是現代社會價值觀已經截然不同，女性都可以當總統了，還有什麼事不能做？所以現在若要選女命，我會以首先擁有自己的專業能力為優先，婚姻已經不是女人唯一的選擇，即便在沒有男人的時候，還可以活得自在而有尊嚴才是最最重要的！

007

2015/11/29 上午 03:27:50 Zone : -08:00 CCT Internet: 353 beats
Taipei, Taiwan
Longitude: 121E30 Latitude: 25N03 CurPer: Ju/Ve/Ve
Lahiri Ayanamsha: 24:04 365.25 Day Year True Node

吉 ■
凶 ■

實際性格：處女座

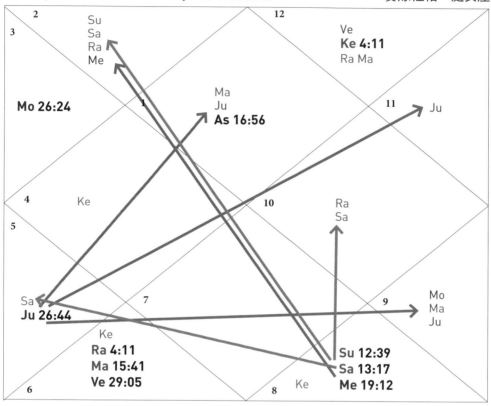

2		Su		12			Ve
3		Sa					**Ke 4:11**
		Ra					Ra Ma
		Me					
Mo 26:24			Ma			**11**	Ju
			1	Ju			
				As 16:56			
4	Ke			**10**		Ra	
5						Sa	
Sa		7			9		Mo
Ju 26:44							Ma
	Ke						Ju
	Ra 4:11				**Su 12:39**		
	Ma 15:41				**Sa 13:17**		
	Ve 29:05		6	8	Ke	**Me 19:12**	

Navamsha（D9）　九分盤　　Spouse　Turyamsha（D4）　讀書宮　　Net Assents

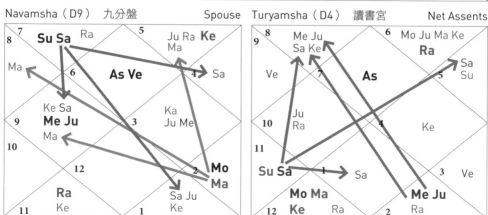

7	**Su Sa**	Ra	5	Ju Ra	**Ke**
8				Ma	
Ma		**As Ve**	6	4	Sa
9	**Me Ju**	3	Ka		
	Ma		Ju Me		
10		12	2	**Mo**	
	Ra			**Ma**	
11	Ke	1	Sa Ju		
			Ke		

9		Me Ju	6	Mo Ju Ma Ke
8		Sa Ke		**Ra**
Ve	7			Sa
		As	5	Su
10	Ju	4	Ke	
11	Ra			3	Ve
Su Sa	1	Sa		
12	**Mo Ma**	2	Ra
	Ke	Ra		**Me Ju**

007

2015/11/29 下午 03:27:50 Zone : -08:00 CCT Internet:353 beats
Taipei, Taiwan
Longitude: 121E30 Latitude: 25N03 CurPer: Ju/Ve/Ve
Lahiri Ayanamsha: 24:04 365.25 Day Year True Node

吉	✓
半吉半凶	✓
半凶半吉	✗
凶	✗

半吉半凶	■	吉	■

Dasha/Bhukti periods

1 ~ 9	Ju/Ke	2015/2/26		Ke/Ke	2060/3/22	Mo/Mo	2093/3/22
	Ju/Ve	2016/2/2		Ke/Ve	2060/8/18	Mo/Ma	2094/1/21
	Ju/Su	2018/10/3		Ke/Su	2061/10/18	Mo/Ra	2094/8/22
	Ju/Mo	2019/7/23	45 ~ 52	Ke/Mo	2062/2/23	Mo/Ju	2096/2/21
	Ju/Ma	2020/11/21		Ke/Ma	2062/9/24	Mo/Sa	2097/6/22
	Ju/Ra	2021/10/27		Ke/Ra	2063/2/20	Mo/Me	2099/1/21
				Ke/Ju	2064/3/10	Mo/Ke	2100/6/22
				Ke/Sa	2065/2/14	Mo/Ve	2101/1/21
				Ke/Me	2066/3/26	Mo/Su	2102/9/22

Sa ?

9 ~ 28	Sa/Sa	2024/3/22		Ve/Ve	2067/3/23	Ma/Ma	2103/3/24
	Sa/Me	2027/3/26		Ve/Su	2072/7/22	Ma/Ra	2103/8/20
	Sa/Ke	2029/12/3		Ve/Mo	2071/7/22	Ma/Ju	2104/9/6
	Sa/Ve	2031/1/12	52 ~ 72	Ve/Ma	2073/3/22	Ma/Sa	2105/8/13
	Sa/Su	2034/3/13		Ve/Ra	2074/3/22	Ma/Me	2106/9/22
	Sa/Mo	2035/2/23		Ve/Ju	2077/5/22	Ma/Ke	2107/9/19
	Sa/Ma	2036/9/24		Ve/Sa	2080/1/21	Ma/Ve	2108/2/15
	Sa/Ra	2037/11/2		Ve/Me	2083/3/23	Ma/Su	2109/4/17
	Sa/Ju	2040/9/8		Ve/Ke	2086/1/21	Ma/Mo	2109/8/22

28 ~ 45	Me/Me	2043/3/23		Su/Su	2087/3/23	Ra/Ra	2110/3/24
	Me/Ke	2045/8/18		Su/Mo	2087/7/10	Ra/Ju	2112/12/4
	Me/Ve	2046/8/16		Su/Ma	2088/1/9	Ra/Sa	2115/4/29
	Me/Su	2049/6/15		Su/Ra	2088/5/16	Ra/Me	2118/3/5
	Me/Mo	2050/4/22		Su/Ju	2089/4/10	Ra/Ke	2120/9/22
	Me/Ma	2051/9/21		Su/Sa	2090/1/27	Ra/Ve	2121/10/10
	Me/Ra	2052/9/18		Su/Me	2091/1/9	Ra/Su	2124/10/10
	Me/Ju	2055/4/7		Su/Ke	2091/11/15	Ra/Mo	2125/9/4
	Me/Sa	2057/7/13		Su/Ve	2092/3/22	Ra/Ma	2127/3/5

✦ 命盤案例 14 ✦

夫妻宮一明一暗，易有第三者介入

「一踏進門，我接觸到一雙溫暖的眼神，也許是感同身受，也許是慈悲為懷，老師細心地為我剖析命盤，過往許多前塵往事一一被印證，許多以前無法釋懷的心念，在老師的解說下我漸漸放下了！

原來這是宿命，我不是一個認命的人，但許多緣起緣滅真的半點不由人。老師跟我分享，她認為這是一門學問，我們知命才能趨吉避凶，讓自己不再受傷，能減少損失就是最大的恩賜了！對千瘡百孔的我來說，老師的剖析讓我有信心再度迎向陽光，我也相信幸福就在轉角處等著我。老師，謝謝您，也祝福您！」

她是從臺南上來的牙醫，送了我一個高露潔專業修護組，真是太實用啦！「天機巨門化祿＋祿存」在命宮，原本是雙祿交流的命格，可惜巨門自化忌反而變成雙忌，導致她在走目前凶星的火星大運時，婚姻跟財運都雙雙破敗！印度占星印證她離婚和破財時間都十分準確，夫妻宮（太陽化權太陰自化忌），權忌交戰，我說她老公有暴力傾向，情緒起伏很大，她頻頻點頭，而且夫妻宮還有一明一暗的情形，也就是容易有第三者介入的意思，因為她的福德宮有（地空地劫）兩顆最不利婚姻的星，而福德宮又是婚姻最重要的位置，所以她來之前我就已經知道她的婚姻肯定出問題，再對照現在印占走的運，確實不利婚姻和財運，而且問題出在小人身上，果然她的合夥人把診所掏空，讓她現在不得不另起爐灶。

有時命運的軌跡真是令人不得不為之驚嘆，同為女人，我能夠將心比心，在她最低潮的時候希望能給她一點鼓勵與開導，雖然我不是心理醫生，但我始終覺得論命其實就是一種心靈輔導，只是我所用的工具是中西方命理術數吧！因為透過命盤我可以很迅速進入一個陌生人的內心世界，這也是命理之所以讓我著迷的原因！

祝福她，美麗的女牙醫，希望她能重新開啟生命的另一扇窗，不論是感情還是事業都會再度看到萬里無雲的晴空……。

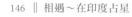

太陽坐命的男生，最終找出生辰正確時分

　　「一切冥冥之中自有定數，或許與神佛有緣的我，一直有股力量引領我去結識靜唯老師，常常在老師的臉書或 LINE 上仔細看看靜唯老師論命的一些案例，讓正處於人生低潮的我對老師的論命產生極大興趣，但是卡在預算上一直苦無能力與靜唯老師預約！而靜唯老師也一直勸我不要急，有緣自然會相遇！

　　自從看過《秘密》這本書，寫到要勇於向宇宙下訂單時，我終於決定與靜唯老師預約了…不過與老師預約的過程也如我的人生路一波三折，因為我的出生證明上的出生時分剛好落在整點，可是靜唯老師要求出生時分的精準度讓我實在太佩服了！寧可要讓我辛苦賺的錢要花在刀口上，也不會隨便應付敷衍，她先在 LINE 上與我核對紫微的時辰就花了很長的時間，包括我外貌與性格的特徵，直到確定是未時之後再核對印占，結果推論出我是下午 2:57 分生的，當時我心裡面直呼真是太幸運了，能遇到如此認真與用心的命理老師實在太難得了…YA！而且讓我深感所花的每一分錢都是物超所值！

　　命定一生榮枯，運主一時休咎，正當我處於人生低檔、茫茫不知去向時遇見了靜唯老師，老師以印度占星、紫微斗數三種東西方命理綜合起來論命，不禁令我拍案叫絕，嘖嘖稱奇，也更讓我確立了接下來的方向與該注意的事項，因為我常常到海外旅行，印度占星也說我海外運旺，不禁讓我想起一句話：讀萬卷書不如行萬里路，行萬里路不如高人指路。說真的，靜唯老師的用心與對命理知識的專業與認真，確實是我心目中能夠引導我人生方向，而且是一位具有深度及涵養的老師！現在我最想說的一句話是：老師，謝謝您～辛苦了！」

　　這個男生一直是我的忠實粉絲，大約看了我一年命理文章才正式向我預約，其實我很感動，因為我的收費對有錢人來說不算什麼，但是對一般平凡的上班族卻是

不小的負擔，他們既然願意花這個錢，我就希望他們錢花得值得，而且一定要有收穫。

　　祝福這個太陽坐命的男生，我很開心終於找出他的正確的時分，因為 3：00 以後就是申時，而且命盤一定要核對，透過紫微＋印占，我找出許多客戶的準確時分，甚至連日光節約時間很多人都不知道，所以醫院出生證明跟父母記得時間足足差了一個小時⋯，他的印占命盤經核定之後我認為是落在下午 2：57：30 秒左右，因為往後推到 2：58 分九分盤就變盤了，這也是為什麼我每每核對客人出生證明時分也會往前推 3 分鐘，往後推 2 分鐘看有沒有變盤？因為即便是醫院時間也可能會有一兩分鐘的誤差，所謂失之毫釐，差之千里，客戶既然願意花錢，如此慎重將一生的命運鎖碼交到你手上，身為命理老師怎可不誠惶誠恐，兢兢業業？

　　總之謝謝這個客戶對我的肯定，我也希望他的運勢就像命盤所言，一切會慢慢否極泰來，漸入佳境⋯。

008

1975/2/8 上午 02:57:30 Zone : -08:00 CCT Internet:993 beats
Taipei, Taiwan
Longitude: 121E30 Latitude: 24N03 CurPer: Ra/Ve/Ra
Lahiri Ayanamsha: 23:30 365.25 Day Year True Node

Sa ? 實際性格：魔羯座

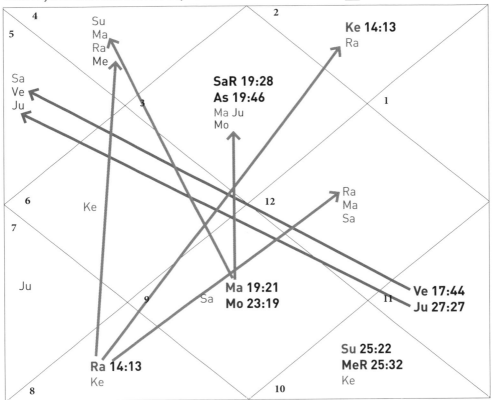

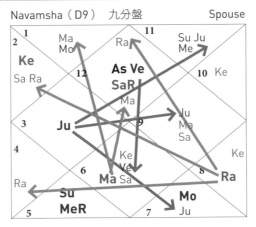

008
1975/2/8 下午 02:57:30 Zone : -08:00 CCT Internet:332 beats
Taipei, Taiwan
Longitude: 121E30 Latitude: 24N03 CurPer: Ra/Ve/Ra
Lahiri Ayanamsha: 23:30 365.25 Day Year True Node

吉	✓
半吉半凶	✓X
半凶半吉	X✓
凶	X

半吉	■	吉	■
半凶	■	凶	■

Dasha/Bhukti periods

Ve/Sa	1972/12/17	Ma/Ma	1996/2/17	Sa/Sa	2037/2/16
Ve/Me	1976/2/17	Ma/Ra	1996/7/15	Sa/Me	2040/2/20
Ve/Ke	1978/12/18	Ma/Ju	1997/8/3	Sa/Ke	2042/10/30
		Ma/Sa	1998/7/10	Sa/Ve	2043/12/9
21		Ma/Me	1999/8/18	Sa/Su	2047/2/8
?		Ma/Ke	2000/8/15	Sa/Mo	2048/1/21
28		Ma/Ve	2001/1/11	Sa/Ma	2049/8/21
		Ma/Su	2002/3/13	Sa/Ra	2050/9/30
		Ma/Mo	2002/7/19	Sa/Ju	2053/8/6

Su/Su	1980/2/17	Ra/Ra X	2003/2/17	Me/Me	2056/2/17
Su/Mo	1980/6/6	Ra/Ju	2005/10/30	Me/Ke	2058/7/16
Su/Ma	1980/12/5	Ra/Sa	2008/3/25	Me/Ve	2059/7/13
5	Su/Ra 1981/4/12	Ra/Me	2011/1/29	Me/Su	2062/5/13
?	Su/Ju 1982/3/7	28 Ra/Ke X	2013/8/18	Me/Mo	2063/3/19
11	Su/Sa 1982/12/24	? Ra/Ve ✓	2014/9/5	Me/Ma	2064/8/18
	Su/Me 1983/12/6	46 Ra/Su ✓	2017/9/5	Me/Ra	2065/8/15
	Su/Ke 1984/10/11	Ra/Mo ✓	2018/7/31	Me/Ju	2068/3/3
	Su/Ve 1985/2/16	Ra/Ma X	2020/1/30	Me/Sa	2070/6/9

Mo/Mo	1986/2/17	Ju/Ju ✓	2021/2/16 好運	Ke/Ke	2073/2/16
Mo/Ma	1986/12/18	Ju/Sa	2023/4/6	Ke/Ve	2073/7/15
Mo/Ra	1987/7/19	Ju/Me ✓	2025/10/18	Ke/Su	2074/9/15
11	Mo/Ju 1989/1/17	46 Ju/Ke	2028/1/24	Ke/Mo	2075/1/20
?	Mo/Sa 1990/5/19	? Ju/Ve ✓	2028/12/30	Ke/Ma	2075/8/21
21	Mo/Me 1991/12/18	62 Ju/Su	2031/8/31	Ke/Ra	2076/1/18
	Mo/Ke 1993/5/19	Ju/Mo	2032/6/18	Ke/Ju	2077/2/4
	Mo/Ve 1993/12/18	Ju/Ma	2033/10/18	Ke/Sa	2078/1/11
	Mo/Su 1995/8/18	Ju/Ra	2034/9/24	Ke/Me	2079/2/20

✦ 命盤案例 16 ✦

左輔右弼夾田宅宮，天之嬌女財庫旺

「靜唯老師，謝謝妳。很高興與妳有緣能相遇。謝謝妳今天花這麼多時間和我講得這麼詳細。也謝謝妳透過命理給我的指引，真的讓我有種豁然開朗的感覺。

說真的，我從小都還挺順遂的，只是偶爾會怨父母為何總是不在我身邊，時常要去親戚家住。即便在人際關係上總會碰到有一兩個視為閨蜜的好友會暗中插箭，但也遇到不少真心對我好的朋友。在人生際遇上真的是還不錯的，總能心想事成，很年輕時就能完全靠自己，在學業事業都有不錯的成績。真碰上不順遂，也真的如流年般，不過半年一年就轉好。

直到結婚後，遇上許多在我的人生中覺得不可思議的事，健康狀態也亮起了紅燈。這樣的小好大壞起起伏伏持續了 5 年，讓我感到非常徬徨與害怕，甚至極度憂鬱，因為從小大家都說我命好，也從來不覺得婚後所發生的事會發生在我身上，當通通遇到時，說實在的，一個人真的挺難度過。

但也如妳所說，今年下半年家運真的慢慢平穩，同時，無形中發現，原來我身邊擁有如此多的貴人朋友，這似乎也象徵著運勢中：明年事業運開始會很好。彷彿很多事都是冥冥中註定的。

從前，其實我常拜拜、自己翻閱或上網看看大方向的命理、農民曆，但不太敢自己去給人算命，通常都是別人去算，順道帶到一些我的命格，一方面是怕命越算越差，一方面是不想太早面對現實，一方面是我從小就對神佛有種敬畏的感覺，總覺得站在神佛、命理老師面前，不用我多說什麼，祂／他們就能一眼看穿我（不然我覺得我的個性從小到大就算說破嘴，實在很難被了解）。

當然，從小求神或求籤也都真真切切的靈驗應驗，讓我不得不又敬又畏。所以在此之前沒給人算過命的我，還總是讓朋友驚訝，說我真的是現代神婆或村姑。也許這也是妳說的，與神佛有緣吧！

和妳聊完，現在的我有種安定、確實的感覺。我從小也的確很有美術天分，和與美有關的運，我小時候的確很愛做夢：擁有一間自己設計的家和擁有一間自己的店，是我小時候的夢想。然而人生難免起起伏伏，經歷了低潮的 5 年，沒有商人的家庭背景又沒做過生意的我，坦白說，獨自創業，我不是這麼有信心甚至有點怕（我是愛做夢的人，但真的要做事時會想很多，會把最好最壞的情況都分析過一遍的那種個性）；直到遇上那位姐姐，彷彿是一個希望一個轉折，於是前些日子一直感到不前不後難以抉擇。謝謝姐姐的介紹，也謝謝靜唯老師，現在的我終於又漸漸地恢復以往的信心，對未來方向也感到比較明確。也比較清楚如何面對人生的低潮，和將來事業上也許會碰到的不順該如何應對。靜、待，是與妳聊完後的領悟。謝謝妳！

　　我很喜歡妳說的一句話：命雖不能改，但運可以改。的確，運隨心轉，許多事的結果，就在一念之間。走好運時全力以赴，運不好時轉攻為守，只要不走偏，運都不至於太壞也如妳命書上說的，孔子曰：不知命，無以為君子。或許從另一個角度切入去看命理，它並不是什麼怪力亂神，而且類似中國的易經、西洋科學的出生皮紋統計學分析，幫助我們更了解自己，看見自己不知道的自己。這讓我覺得在徬徨或難以抉擇時，透過命理或西洋科學分析，來找出適合自己的大方向，對於人生的規劃挺有幫助的。」

　　這個女生乍看之下讓我頗為驚豔，一張巴掌大很東方味的瓜子臉，她薄如紙片的身材翩翩走來，活脫脫就像從古書仕女畫裡穿越到現代的林黛玉…。她的 Sa 不論是本命盤還是九分盤都是廟旺，這是滿少見的格局，尤其正坐田宅宮映射到她的事業宮、命宮和財帛宮、夫妻宮，所以女孩一出生就走家運非常好的 Ju 大運，從 16 歲開始走很旺的 Sa 事業大運，年紀輕輕就在國際摸特兒圈闖出名號，所以她算是早發型的格局，不過她也很快結婚生子，最終不得不放棄如日中天的事業！不過她的配偶也是屬於能力非常強的，但走 Sa 大運這段期間她的婚姻也經歷不短的磨合期，曾經也讓她非常痛苦過。

　　對照她 2011/7/27 ～ 2012/9/3 和 2012/9/3 ～ 2015/7/11 連走 Ma、Ra 兩個凶星的流年，以及他早期得厭食症和低潮的時間都十分吻合，所以她隨身都帶著餅乾糖果，怎麼吃都吃不胖，讓我這種連喝水都會胖的人煞是羨慕！女孩想重新她的事業，基

本上她從 2015/7/11 ～ 2018/1/22 開始轉好運，尤其在 35 歲以後事業財運或神祕宮還會有另一波高峰，聽說最近她潛心禪修，這也是因為神祕宮主星就是 Me 的關係。

天同文昌坐命的女人，對宮是巨門文曲，昌曲照命，難怪氣質高雅，文筆流暢，才華橫溢，只是唯一遺憾的是婚姻感情波折不斷！因為太重感情，所以感情也變成她人生最大的罩門…。

不過女孩是我見過少數好運的命盤，家境優渥，事業順利，尤其左輔右弼夾田宅宮，代表財庫很旺，一生衣食無憂，除了感情跟健康要注意之外，她真是個不折不扣的天之嬌女啊！

009
1983/10/9 上午 12:25:36 Zone : -08:00 CCT Internet:726 beats
Taipei, Taiwan
Longitude: 121E30 Latitude: 25N03 CurPer: Sa/Ju/Sa
Lahiri Ayanamsha: 23:37 365.25 Day Year True Node

吉 ■
凶 ■

實際性格：天秤座

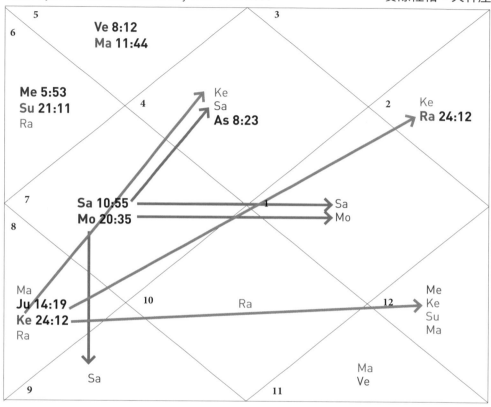

Navamsha（D9） 九分盤   Spouse

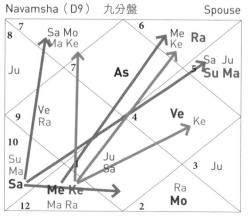

009
1983/10/9 上午 12:25:36 Zone : -08:00 CCT Internet:726 beats
Taipei, Taiwan
Longitude: 121E30 Latitude: 25N03 CurPer: Sa/Ju/Sa
Lahiri Ayanamsha: 23:37 365.25 Day Year True Node

吉	✓
半吉半凶	✓✗
半凶半吉	✗✓
凶	✗

半吉	▦	吉	■
半凶	▦	凶	▦

Dasha/Bhukti periods

	Ju/Ju	1983/1/22	Ke/Ke	2035/1/22	Mo/Mo	2068/1/22
	Ju/Sa	1985/3/11	Ke/Ve	2035/6/20	Mo/Ma	2068/11/22
	Ju/Me	1987/9/23	Ke/Su	2036/8/19	Mo/Ra	2069/6/23
1	Ju/Ke	1989/12/28	52 Ke/Mo	2036/12/25	Mo/Ju	2070/12/23
≀	Ju/Ve	1990/12/4	≀ Ke/Ma	2037/7/26	Mo/Sa	2072/4/23
16	Ju/Su	1993/8/4	59 Ke/Ra	2037/12/22	Mo/Me	2073/11/22
	Ju/Mo	1994/5/24	Ke/Ju	2039/1/10	Mo/Ke	2075/4/23
	Ju/Ma	1995/9/23	Ke/Sa	2039/12/17	Mo/Ve	2075/11/22
	Ju/Ra	1996/8/28	Ke/Me	2041/1/25	Mo/Su	2077/7/23

	Sa/Sa ✓	1999/1/22	Ve/Ve	2042/1/22	Ma/Ma	2078/1/22
	Sa/Me ✓	2002/1/25	Ve/Su	2045/5/23	Ma/Ra	2078/6/20
	Sa/Ke	2004/10/4	Ve/Mo	2046/5/23	Ma/Ju	2079/7/8
16	Sa/Ve ✓	2005/11/13	59 Ve/Ma	2048/1/22	Ma/Sa	2080/6/13
≀	Sa/Su	2009/1/12	≀ Ve/Ra	2049/3/23	Ma/Me	2081/7/23
35	Sa/Mo ✓	2009/12/25	79 Ve/Ju	2052/3/23	Ma/Ke	2083/7/20
	Sa/Ma ✗	2011/7/27	Ve/Sa	2054/11/22	Ma/Ve	2082/12/16
	Sa/Ra ✗	2012/9/3	Ve/Me	2058/1/22	Ma/Su	2084/2/16
	Sa/Ju ✓	2015/7/11	Ve/Ke	2060/11/22	Ma/Mo	2084/6/22

轉好運 ↓

	Me/Me ✓	2018/1/22	Su/Su	2062/1/22	Ra/Ra	2085/1/22
	Me/Ke	2020/6/19	Su/Mo	2062/5/11	Ra/Ju	2087/10/5
	Me/Ve	2021/6/17	Su/Ma	2062/11/10	Ra/Sa	2090/2/27
35	Me/Su	20244/16	Su/Ra	2063/3/18	Ra/Me	2093/1/3
≀	Me/Mo	2025/2/21	Su/Ju	2064/2/10	Ra/Ke	2095/7/24
52	Me/Ma	20269/7/23	Su/Sa	2064/11/28	Ra/Ve	2096/8/10
	Me/Ra	2027/7/21	Su/Me	2065/11/10	Ra/Su	2099/8/11
	Me/Ju	2030/2/6	Su/Ke	2066/9/16	Ra/Mo	2100/7/6
	Me/Sa	2032/5/14	Su/Ve	2067/1/22	Ra/Ma	2102/1/4

給孩子論命，看看讀書宮

　　今天的客戶為了論命，一共從台中上來3次，第一次算她自己，第二次算她老公和大女兒，第三次是小兒子，順便約了通靈師兄，真可謂誠意十足，三國時有所謂三顧茅廬，這個家世甚好但平易近人的媽媽確實讓我留下深刻的印象。

　　其實論孩子的命時，我會比較著重在印度占星的運勢及紫微斗數性格特質及專長部分，印占有個宮位叫讀書宮，主要是看求學時期的考運，其實考運真的很重要，有些人平常不怎麼用功或成績普普，考試時卻異軍突起，這就是剛好考試的年月日走吉星的關係；當然也有人平時成績甚好，卻在大考時功虧一簣，這就是考運弱的關係，所以有人會重考或學業中斷，基本上命盤都是有跡可循的。

　　至於紫微斗數則是看孩子性格特質部分，因為很少有父母一生下小孩就知道如何做父母？生下一個雖然血脈相連，卻又是一個獨立個體的小孩，父母必須十分了解孩子個性的優缺點，他的專長以及未來發展的方向，基本上10歲以內的小孩我會著重在親子關係該如何加強，和如何發展他潛能的部分；青春期的孩子則著重在讀書運與是否要離開家鄉出外發展，當然交友狀況也很重要；至於成年的孩子性格方面都已經定型，所以就要以運勢為主，因為任何人不管格局再好，一旦印占落入一個不好的大運，就像陷入泥淖之中動彈不得，總是會覺得有志難伸或事倍功半，所以我一直強調運大過於命，命是天生注定的，但運卻是左右命格好壞的最大推手。

　　孩子是我們未來的希望！就像我對兒子的命盤基本上已經研究得滾瓜爛熟，所以我對他的教育方式是先嚴後寬，先膩後鬆，小學時照顧他照顧得無微不至，盡量能讓他多學才藝就多學，唯一到現在國三沒放棄的是英文和游泳，甚至現在學校功課壓力大，他想學射箭我也鼓勵他學，因為那也許是他打電動之外最佳的放鬆方式。

　　國中之後選擇住校也是想磨練他獨立的個性，基本上上國中之後我就不太管他了，凡事我都會尊重他的意見，因為我覺得他該開始學習獨立了，雖然我們母子相

聚時間變少，但每天兒子一定電話跟我聯絡，而且掛電話之前兩人一定要説「愛你」這兩個字，因為東方人太過含蓄，不太會主動表達感情，所以我從小就訓練兒子說愛，就像吃飯喝水那般再自然不過！

因為我也不是一個擅長說愛的人，尤其是對自己的父母。也許當父母逐漸年邁，視茫茫而髮蒼蒼時，一句孩子的「愛你」或是一個輕輕地親吻，會是空巢期的他們內心最大的安慰！就像當我低潮落寞、脆弱無助的時候，聽到兒子的聲音，雖然想哭，或是流下淚來，但內心總會有一個聲音告訴自己～～我不孤單。因為在這個世界上，至少還有一個全心全意愛著我的人…。

Su 凶星大運，留心血光意外

「在這充滿時代脈動的昔今，連結著許多好友的社群軟體 FB 不知是拉近彼此的距離還是變得更疏離？

在一個偶然的際遇之下，透過昔日同學的臉書睹遇老師，這一望半年之久，凡事都講求緣分，畢竟在這怪力亂神的年代，第一眼老師誠懇的眼神，親切的口吻，融化了心中築起的防衛高牆，越過心的彼端是我那顆赤子之心，在老師上一篇的發表中，面對客戶還在躊躇是否直接以對…。

很幸運的，今天老師並沒有太婉轉，一一道出命格中的時間點，細心核對，沒有猜測的口吻均是報以懇切，在印度占星＋紫微的交互比對之下，道出最準確的答案，彷彿被看透了人生，會晤中的隻字片語一度讓我起了雞皮疙瘩，請恕我無法一一詳述，其實最好的廣告不是登報紙、媒體行銷，而是口耳相傳的肯定。

不知命，無以為君子。是的，心的豁達才能從人生得到啟發，面對命運並不可怕，可怕的是逃不了的宿命又無法面對。在美國的心理諮商師是被大眾所接受的，相較之下，台灣較排斥心理醫生診療，排斥的原因正是國人沒法接受心理生病的結果，其實心裡有墨礙，就應該尋找自己的管道，我不覺得是算命，而是在尋找屬於自己的心理諮詢，你有屬於自己心的出口嗎？別讓心生病了。

此敬賢淑儒雅的李靜唯老師，謝謝您。」

這是一個男客戶 po 在我臉書上的感言，太陰坐命，對宮太陽化忌自化忌，一生都要注意交通意外或是辛勞奔波，而且內心的交戰衝突也十分劇烈，是典型的雙重性格，情緒忽冷忽熱，時而積極樂觀，時而悲觀消沉，讓人捉摸不定。我直言他這一生最大的問題就是情緒、情緒、情緒，因為情緒會影響到他的婚姻事業財運甚至人際關係。

他來的前一天，我曾經為了一位我剛出道時客戶對我的指責而內疚不已，因為我深怕有憂鬱症的媽媽擔心後面的運更弱而刻意避過不談，甚至讓她帶著希望回家，可是幾年後她的運勢並沒有好轉，她把所有怒氣發洩在我身上，認為我根本是在欺騙她。其實我當時只是不想太過刺激她，導致她連活下去的勇氣都沒有，所以刻意說得特別婉轉，但是後來我發現我錯了，面對她的指責我無言以對，只能怪自己心太軟，不敢讓客戶面對殘酷的現實，從那天開始我決定說實話，不管是好運弱運我都有義務讓客戶知道，畢竟人生不是完全隨波逐流，意志力也許只占兩成，但卻足以扭轉乾坤，或是支撐你走過這個長長的黑洞⋯。

他的印占本命盤夫妻宮有兩顆 Mo 和 Me 吉星，但是九分盤夫妻宮卻刑沖得很凶，不但被落陷 Ma 映射到，宮主星 Ju 被羅計土星刑剋，定位星更是凶星土星，所以婚姻有非常大的問題。他從 26～32 歲走 Su 凶星大運，主要打到夫妻宮和遷移宮，也要特別注意血光意外，尤其 2012/5/7～2013/8/7 運勢特別弱，婚姻也面臨嚴峻的考驗。基本上要到今年 7 月運勢才會慢慢好轉，接著 32～42 歲走 Mo 大運，因為有吉星 Ve 和 Me 照，所以運勢應該會漸入佳境，尤其是夫妻運或感情運，而財運走到好的流年也會好轉許多。

還好他沒有憂鬱症體質，所以他非常虛心地接受了我的建議，而且紫微還看出他跟神明特別有緣，他也確實與觀世音菩薩有過特別深的因緣，所以他說連雞皮疙瘩都起來了！看了他的 po 文，內心感到十分安慰，因為他真的聽進去我的話了，對於一個命理諮詢師而言，客戶的肯定就是我最大的成就感。

010
1985/1/18 上午 04:55:31 Zone : -08:00 CCT Internet:414 beats
Taipei, Taiwan
Longitude: 121E30 Latitude: 25N03 CurPer: Su/Me/Sa
Lahiri Ayanamsha: 23:38 365.25 Day Year True Node

吉 ■
凶 ■

實際性格：射手座

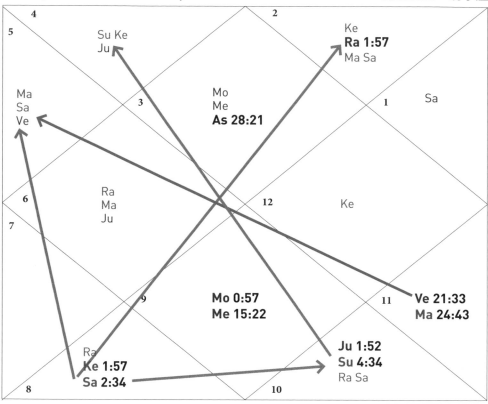

Navamsha（D9）　九分盤　　　　　　Spouse

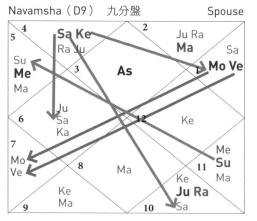

010

1985/1/18 上午 04:55:31 Zone : -08:00 CCT Internet:414 beats
Taipei, Taiwan
Longitude: 121E30 Latitude: 25N03 CurPer: Su/Me/Sa
Lahiri Ayanamsha: 23:38 365.25 Day Year True Node

吉	✓
半吉半凶	✗
半凶半吉	✗
凶	✗

半吉 ■	吉 ■
半凶 ■	凶 ■

Dasha/Bhukti periods

Ke/Ve	1984/12/15	Mo/Mo ✓	2017/7/19	Ju/Ju	2052/7/19
Ke/Su	1986/2/14	Mo/Ma	2018/5/20	Ju/Sa	2054/9/6
Ke/Mo	1986/6/22	Mo/Ra	2018/12/19	Ju/Me	2057/3/20
Ke/Ma	1987/1/21	32	Mo/Ju	2020/6/19	Ju/Ke	2059/6/25
Ke/Ra	1987/6/19	≀	Mo/Sa	2021/10/19	Ju/Ve	2060/5/31
Ke/Ju	1988/7/7	42	Mo/Me	2023/5/20	Ju/Su	2063/1/30
Ke/Sa	1989/6/13		Mo/Ke	2024/10/18	Ju/Mo	2063/11/19
Ke/Me	1990/7/23		Mo/Ve	2025/5/19	Ju/Ma	2065/3/20
		Mo/Su	2027/1/18	Ju/Ra	2066/2/23

Ve/Ve	1991/7/20	Ma/Ma	2027/7/20	Sa/Sa	2068/7/19
Ve/Su	1994/11/18	Ma/Ra	2027/12/16	Sa/Me	2071/7/23
Ve/Mo	1995/11/19	Ma/Ju	2029/1/2	Sa/Ke	2074/4/1
6	Ve/Ma	1997/7/19	Ma/Sa	2029/12/9	Sa/Ve	2075/5/11
≀	Ve/Ra	1998/9/18	Ma/Me	2031/1/18	Sa/Su	2078/7/10
26	Ve/Ju	2001/9/18	Ma/Ke	2032/1/15	Sa/Mo	2079/6/22
	Ve/Sa	2004/5/19	Ma/Ve	2032/6/12	Sa/Ma	2081/1/21
	Ve/Me	2007/7/20	Ma/Su	2033/8/13	Sa/Ra	2082/3/1
	Ve/Ke	2010/5/20	Ma/Mo	2033/12/18	Sa/Ju	2085/1/5

Su/Su ✗	2011/7/20	Ra/Ra	2034/7/20	Me/Me	2087/7/20
Su/Mo ✓	2011/11/6	Ra/Ju	2037/4/1	Me/Ke	2089/12/15
Su/Ma ✗	2012/5/7	Ra/Sa	2039/8/25	Me/Ve	2090/12/13
26	Su/Ra ✗	2012/9/12	Ra/Me	2042/7/1	Me/Su	2093/10/12
≀	Su/Ju ✓	2013/8/7	Ra/Ke	2045/1/18	Me/Mo	2094/8/19
32	Su/Sa ✗	2014/5/26	Ra/Ve	2046/2/5	Me/Ma	2096/1/18
	Su/Me ✓	2015/5/8	Ra/Su	2049/2/5	Me/Ra	2097/1/15
	Su/Ke ✗	2016/3/13	Ra/Mo	2049/12/31	Me/Ju	2099/8/4
	Su/Ve ✓	2016/7/19	Ra/Ma	2051/7/1	Me/Sa	2101/11/10

人生沒有如果，只有結果和後果

「這篇感謝文，是想站在客人的角度，給靜唯老師一些小小的鼓勵；也想從學生的角度，表達對老師的感謝。

有堅持、沒廢話的命理老師。雖然在商業社會中，討論道德邊界，顯得有點可笑。不過，專業人士，多少有自己在行業裡的道德操守，這出自對專業的尊重與熱愛。靜唯老師是我的算命諮詢生涯中，少見博通古今、學貫中西命理工具的專業命理師。

在正式預約前老師會詳細地說明每種命理工具的特長與極限，再針對個人的問題建議服務範圍。坊間常見命理老師在言談中，不斷「置入性行銷」、浪費許多時間推銷沒必要的服務，但是老師一句也沒說，約好時間就簡潔明快地掛電話了（笑）。

論命時，可以感到老師溫暖仁慈的心，會清楚地說明有哪幾年好、哪幾年不好、又不好在哪裡。這裡老師也很不像一般兼營開運商品的命理老師。老師告訴我哪幾年不好、以及現況有多糟之後，很務實地建議我乾脆去進修、充實自己，而不是叫我花錢消災、買開運商品或者做些祈福儀式。其實有點商業頭腦的人都知道，玄學中最賺錢的就是這些儀仗有關的服務，簡單來說就是用紙鈔換紙錢。

但靜唯老師不但言有所本，給的建議既務實又體現人生閱歷，還堅守有所不為，從初次聯絡到現在，沒有開口推銷任何不在討論範圍內的服務、沒有叫我透過玄學改變任何東西，只是很有智慧地說：機會是留給準備好的人，再好的命盤都有運氣不好的時候，那何不趁機多充實自己、準備好了、等到下一次大運到來把握機會，就可以大大豐收。

謝謝老師，我會好好努力的！老師也加油噢！」

這是一位在新加坡工作的台灣女生，她跟我預約諮詢論命約了許久，她是一個十分優秀的女生，一路從北一女、台大到出國留學，在國外的工作都是年薪近 400 萬台幣，但是她現在也面臨了人生的十字路口，就在我最低潮的那天晚上，她傳來一篇長長的感言，雖然我只見過她的命盤，但她給我的感覺像是一位十分熟悉的朋友，因為我們的原生家庭都曾經有過同樣的陣痛！那是一輩子難以抹滅的記憶…。

　　她這輩子最大的願望就是能讓她父母以她為傲，其實她已經做到了，但廉貞貪狼坐命的女人是永遠不會滿足的，但我多希望 28 歲的她能開始學會為自己而活，因為當父母將自己沒有完成的遺憾加諸在孩子身上時，一旦他們長大之後真的會忘了自己活著究竟想要的是什麼？她本命盤一生工作變動非常大，但九分盤事業宮的宮主星是廟旺的 Sa，只能說她從出國工作以來，連走 Ma、Ra 兩個凶星大運，所以不但工作變動大，辛苦波折，還小人不斷，海外運也不甚順利，尤其從 2015/2/13 ～ 2017/10/26 之間走 Ra/Ra 流年，她失去了工作決定繼續進修，還要特別注意身體和情緒。

　　祝福她，這個聰穎、秀麗、才智雙全的女生，能夠早日找到她人生真正的方向，因為她真正最大的好運要到 46 ～ 62 歲走 Ju 大運時，雖然來得有點晚，但她過去 20 年所帶給她的智慧與閱歷，我相信是很多人一輩子都沒有的經驗，也會是她人生最豐富、最寶貴的資產。其實我也走過很多冤枉路，一路跌跌撞撞、頭破血流，最後才終於找到自己真正的方向，但我從來沒有後悔過在我年少輕狂時所經歷的、所走過的任何一步的錯誤與失敗，因為如果沒有這些挫折的累積，現在成功的果實不會如此甜美…。

　　這就是人生，每一條彎路都注定要經過；每一次抉擇都必須自己去面對；每一個試煉都是為了讓我們更強大…。

　　最後當驀然回首時，在燈火闌珊處，一切一切曾經為成長所付出的痛苦代價，都將成為我們生命中最美麗的印記與圖騰。

011
1987/11/6 上午 09:24:30 Zone : -08:00 CCT Internet: 100 beats
Taipei, Taiwan
Longitude: 121E30 Latitude: 25N03 CurPer: Ra/Ra/Sa
Lahiri Ayanamsha: 23:41 365.25 Day Year True Node

吉 ■
凶 ■

Sa ？ 實際性格：雙魚座

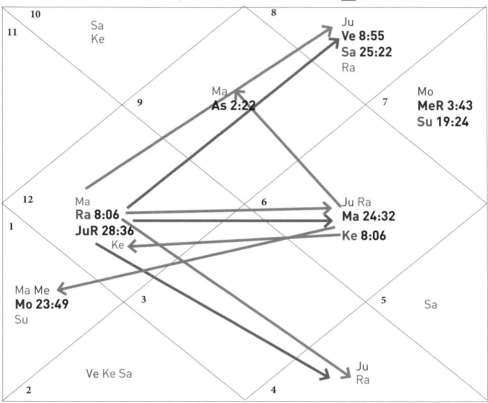

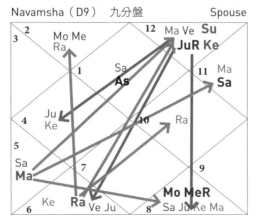

011

1987/11/6 上午 09:24:30 Zone : -08:00 CCT Internet:100 beats
Taipei, Taiwan
Longitude: 121E30 Latitude: 25N03 CurPer: Ra/Ra/Sa
Lahiri Ayanamsha: 23:41 365.25 Day Year True Node

		吉	✓
		半吉半凶	✗
		半凶半吉	✗
		凶	✗

半吉 ■	吉 ■
半凶 ■	凶 ■

Dasha/Bhukti periods

Ve/Sa	1984/12/13		Ma/Ma	2008/2/13	Sa/Sa	2049/2/12
Ve/Me	1988/2/13		Ma/Ra	2008/7/11	Sa/Me	2052/2/16
Ve/Ke	1990/12/14		Ma/Ju	2009/7/30	Sa/Ke	2054/10/26
		21	Ma/Sa	2010/7/6	Sa/Ve	2055/12/5
		≀	Ma/Me	2011/8/14	Sa/Su	2059/2/4
		28	Ma/Ke	2012/8/11	Sa/Mo	2060/1/17
			Ma/Ve	2013/1/7	Sa/Ma	2061/8/17
			Ma/Su	2014/3/9	Sa/Ra	2062/9/26
			Ma/Mo	2014/7/15	Sa/Ju	2065/8/2

Su/Su	1992/2/13		Ra/Ra ✗	2015/2/13	Me/Me	2068/2/13
Su/Mo	1992/6/2		Ra/Ju ✓	2017/10/26	Me/Ke	2070/7/12
Su/Ma	1992/12/1		Ra/Sa ✗	2020/3/21	Me/Ve	2071/7/9
Su/Ra	1993/4/8	28	Ra/Me ✓	2023/1/25	Me/Su	2074/5/9
Su/Ju	1994/3/3	≀	Ra/Ke ✗	2025/8/14	Me/Mo	2075/3/15
Su/Sa	1994/12/20	46	Ra/Ve	2026/9/1	Me/Ma	2076/8/14
Su/Me	1995/12/2		Ra/Su	2029/9/1	Me/Ra	2077/8/11
Su/Ke	1996/10/7		Ra/Mo	2030/7/27	Me/Ju	2080/2/28
Su/Ve	1997/2/12		Ra/Ma ✗	2032/1/26	Me/Sa	2082/6/5

Mo/Mo	1998/2/13		Ju/Ju ✓	2033/2/12	Ke/Ke	2085/2/12
Mo/Ma	1998/12/14		Ju/Sa ✗	2035/4/2	Ke/Ve	2085/7/11
Mo/Ra	1999/7/15		Ju/Me ✓	2037/10/14	Ke/Su	2086/9/11
Mo/Ju	2001/1/13	46	Ju/Ke	2040/1/20	Ke/Mo	2087/1/16
Mo/Sa	2002/5/15	≀	Ju/Ve ✓	2040/12/26	Ke/Ma	2087/8/17
Mo/Me	2003/12/14	62	Ju/Su	2043/8/27	Ke/Ra	2088/1/14
Mo/Ke	2005/5/15		Ju/Mo	2044/6/14	Ke/Ju	2089/1/31
Mo/Ve	2005/12/14		Ju/Ma ✗	2045/10/14	Ke/Sa	2090/1/7
Mo/Su	2007/8/14		Ju/Ra ✗	2046/9/20	Ke/Me	2091/2/16

旺夫或敗夫，氣場相通與否

今天來了兩位男士，分別是四年級和五年級的，這年齡不容易有確定出生時分，尤其是四年級的，他只知道是凌晨 1：00 以前，我用印占核對應是 1：55 ～ 1：59 分之間，對照他結婚離婚和生子時間基本上是完全吻合的，還有投資失利及破財時間也一致，甚至算出何生肖對他非常不利，原來就是他前女友，難怪他始終覺得和她在一起時一直都不順，反而分手這幾年事業運越來越好？

我不禁會心一笑，其實這就是磁場的問題，為什麼有人會旺夫或敗夫，這就跟命運奇妙的安排有關，有的人就是氣場相通，相得益彰，甚至有人注定就是某人的貴人或小人一樣，這些就是命運的密碼，有時真的很難用常理解讀，只能說一個人磁場是非常重要的，磁場好的人自然就會吸引同類型的人，而當自己磁場不好時，基本上也會物以類聚…。

晚上的男士跟我說是早上 1：10 ～ 1：15 之間出生，但核對完我覺得分鐘不太對，基本上弱運的時間應該是往後延的，但丑時紫微格局基本上沒有問題，主要是印度占星一旦分鐘不對，整個運程的時間點就會有所變動，其流年甚至流月的運勢自然也會不夠精準！

所以核對時分是非常重要的，我希望客戶能先去戶政事務所查出生證明，也是不希望浪費彼此時間，更不希望客戶白花錢，畢竟父母年邁體衰，不見得記得這麼久的陳年往事，我記得以前媽媽給我的時辰也是錯的，所以花了很多冤枉錢在算命上，沒有一個命理師願意告訴我時辰是錯的，畢竟核對時辰是頗為繁瑣的過程，何必自找麻煩？

但對工作十分堅持完美的我無法做到得過且過，我希望每個客戶時分都是十分準確的，這也是為什麼很多客戶和我都變成好朋友的原因，畢竟他們也都是我人生中的貴人，同樣的我也希望～～我能為他們的未來多提供一些中肯，及有意義的規劃與建議！

✦ 命盤案例 21 ✦

好運時衝刺，弱運時謹慎

「就像愛上一個人，有時候不需要任何理由，沒有前因，無關風月，只是愛了。」—— 林徽因

今天來了一對男女朋友，又是女朋友幫男朋友約的，男生皮膚黝黑，輪廓深邃，我一見他就問：你是不是原住民啊！他點頭，果真是如假包換的屏東魯凱族，我突然覺得很有親切感，因為我也有一半原住民血統，就是典型的「芋頭蕃薯」，外省老兵爸爸娶了花蓮泰雅族媽媽，兩人相差近 25 歲，小時候的生活自然過得清苦，所以第一次有原住民來找我論命，看他 18 歲以前印占的運也是家運很弱，我不禁有種心有戚戚焉的感受！

其實他的格局不差，只是要到 40 歲以後運勢才會漸入佳境，我特別欣賞努力工作，有一技之長的原住民，因為媽媽家鄉很多原住民企圖心都不是很強，他們最大的興趣是喝酒唱歌，生活只要能餬口就好，基本上他們樂天知命，隨遇而安，完全沒心眼，我喜歡跟他們相處，因為不用像在都市叢林中那麼步步為營，對他們只要真心隨性就好，因為他們同樣也會真誠待你！

我喜歡他的女友，嬌俏亮麗，是典型的本省女孩，他們交往超過 10 年，男生目前是義大利餐廳廚師，未來也想自己創業，看著這對看起來幾乎不會有交集的情侶，我真心的祝福他們，因為原住民幾乎都會有些原生家庭的問題，也會對自己家庭付出甚多，加上家庭環境不好，基本上都必須承擔家裡的經濟壓力，這讓我想起一輩子都過得像苦行僧一樣的父親，因為媽媽對家庭的責任感較淡，當我們姐妹開始賺錢時就要負擔家計，這是多少現代的草莓族、啃老族越來越難做到的事情…。

我真的覺得不論是男人女人，不論是否有種族的差異，只要認真打拼，在好運時積極衝刺；弱運時低調謹慎，學歷與家世都不是重點，重點是自己願意努力，而

且懂得操縱命運，而不是被命運擺佈。我佩服這樣的原住民，因為他們沒有在酒精中迷失，也沒有走入不正之途，他們一步一腳印，嘔心瀝血的闖出自己一片天空，比起那些在網路上欺騙女人的愛情騙子，他們實在可愛得太多，因為他們對自己的人生負責，而且永遠不會將自己的快樂建築在別人的痛苦上！

「至情至性」是我最欣賞的人類特質，可是在現代物慾橫行的社會中，究竟還有多少性情中人沒有被人性貪婪、黑暗的一面所埋沒？

女人為何總要受男人的傷害？

「沒有什麼人能一路無風無雨單純到底，但千萬別忘了一開始的初衷…。」

「親愛的靜唯老師，其實這是我人生第一次算命，實在是走到快沒有路了！

曾經爸爸說：不要去算命，因為算了覺得不錯的話，人就會鬆懈怠惰，如果鬆懈怠惰了，怎麼樣都不會好的。所以人還是要靠自己！爸爸一直是我心目中的偶像，所以我深信不移。

要不是這幾年來的一波未平一波又起，逼得我快無法喘息，我想我不會認識妳。在 FB 上發現妳之後，我好想要算命的念頭一直湧出，並告訴自己一定要去找妳。妳的氣質、文筆讓我好著迷，妳的功力也讓我半信半疑。於是，鼓足了勇氣跟妳連繫。

連繫過程中知道了妳的近況，心疼也不捨。女人為何總要受男人的傷害？不管如何，妳還有一個愛妳的兒子，為了他妳要加油！我也是由我的寶貝給我動力支撐到現在的唷！

和妳聊完後，很開心我的壞運氣終將暫告一段落，謝謝妳讓我又重拾信心。千言萬語不知從何說起，心中的感謝也無法形容。真的，很開心認識妳，原諒我，或許以後三不五時地會去叨擾妳囉！哈哈～～」

一個貼心又溫暖的客戶，算完立刻傳了篇感言給我，我期待與她再次的約會，因為她已預約好算她寶貝兒子，雖然面臨婚姻的背叛，但孩子同樣給我們力量，支撐著我們經歷人生的波折與磨難，是孩子讓我們學著堅強，學習再次成長。

我很高興她第一次算命經驗給了我，因為我真的不是那種鼓勵迷信、怪力亂神的老師，希望這次的論命經驗能讓她不會排斥命理，也懂得如何操縱自己的命運，

而不是被命運所操縱。

　　祝福她和她的寶貝兒子，母子相依為命，雖然失去了老公，但她起碼還有兒子，而且擁有一手好廚藝，相信仍然年輕俏麗的她，絕對不會孤單，屬於她生命中的第二個春天肯定就在不遠的，轉角處等著她⋯。

空劫夾命宮，人生有很大的阻礙或變故

「靜唯老師您好：從小學開始我就知道我的性向跟別人不一樣，所以成長過程中有很多次機會跟著家人去給各種學派的老師算命，所得到的結果不外乎是幾歲結婚、生 2 個小孩、中年運勢看好、晚年很棒…之類的。

但每次算完我都會偷笑，因為活了 37 年我很明白我自己，難道要為了傳宗接代去滿足長輩而傷害女人嗎？好幾個月前注意到靜唯老師，深深被老師的觀念所吸引，特別是鐵版神算和印度占星，為什麼都能看到那麼細，所以我鼓起勇氣，這是我第一次沒有跟家人一起算，也是我第一次很誠實地回答過去曾經發生過的事。

特別是我的性向部分，9/7 的面談讓我還滿驚奇的，特別是在我的婚姻關係上非常符合我的現狀，神奇的是包括小時候的波折時間點，出社會前後的住院開刀，工作中所遇到的破財時間等，甚至換工作的時間點，以及目前的工作狀況，還有與現在另一半算穩定的感情，連對方生肖屬兔都能吻合，而且講到先天命格 亦完全吻合，讓我不得不佩服印度占星之神準！」

這是一個專接大陸團的導遊，年輕帥氣，他的夫妻宮「太陽天梁」，基本上兩個人外在的感覺就是不登對，越不登對越能長久，可是空劫夾命宮，代表人生會有很大的阻礙或變故，他一見面就告訴我他是同志，其實我一點也不驚訝，因為我看了很多同志的命盤，基本上夫妻宮都會有很大的問題，他的不登對就已經吻合性向的問題，因為至少在目前同性戀還是比較特殊的狀況。

他的印占命盤本命盤子女宮超弱，並且有凶星 Sa、Ke、Ra 正沖，宮主星還是落陷 Su、Ma 凶星，五顆凶星齊聚，也代表他這一生應該跟子女無緣了！不過九分盤 Sa 是廟旺，旺到夫妻宮和財帛宮，他從 24～40 歲走 Ju 大運，海外運很旺，所以他在開放大陸客來台時有幾個流年工作應接不暇，而且與他的同性伴侶一交往

就是 12 年，算是少見非常穩定的戀愛關係，不過最近因為大陸政策限制問題以及不斷削價競爭的結果，他在我提醒他要注意工作變動的 Ma 凶星流年 2015/6/22 ～ 2016/5/28 中還是換工作了，轉而投資餐飲業，雖然 2016/5/28 ～ 2018/10/21 還在走 Ra 凶星流年，而且時間頗長，其實是不適合投資的，工作也會非常辛苦，我只有建議他一切宜保守低調，同時也要注意感情問題。如果能撐到 2018 之後，相信他事業財運還會另有一番斬獲，因為 40 歲以後才是他真正發光發熱的開始…。

我有很多同志客戶，他們大都長相俊美、才華橫溢，難怪令很多女人扼腕，最後我跟他們都變成了好朋友，因為我是個包容度很強的人，我始終覺得如果當男人愛上男人，或當女人愛上女人，這些都不是任何人的錯，也許只是上帝在基因組合時發生一些突變狀況，更何況現在是一個開放多元性的年代，我也相信台灣同性婚姻合法化一定是指日可待的！

沒有什麼事不可能發生，只要有愛…。

012

1978/12/24 上午 01:25:30 Zone：-08:00 CCT Internet:414 beats
Taipei, Taiwan
Longitude: 120E30 Latitude: 22N03 CurPer: Ju/Ma/Ve
Lahiri Ayanamsha: 23:33 365.25 Day Year True Node

吉 ■
凶 ■

Sa ？　實際性格：射手座

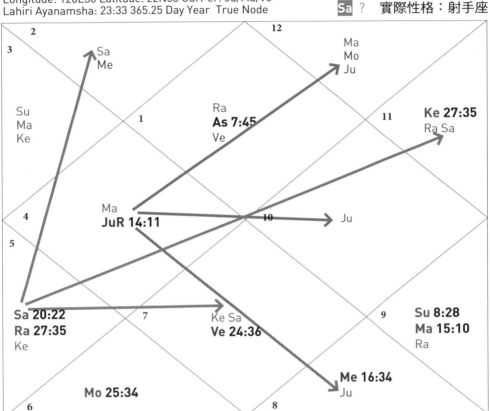

```
        2                              12
 3                                                    Ma
                         Sa                           Mo
                         Me                           Ju
      Su                        Ra                11
      Ma                1       As 7:45                      Ke 27:35
      Ke                        Ve                           Ra Sa

      4       Ma                              10
              JuR 14:11                             Ju

   5
                                                  9       Su 8:28
                                                          Ma 15:10
  Sa 20:22      7          Ke Sa                           Ra
  Ra 27:35                 Ve 24:36
  Ke
                                         Me 16:34
         Mo 25:34                        Ju
  6                              8
```

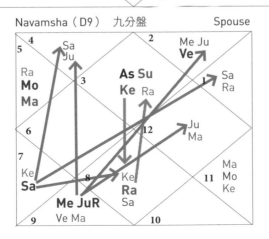

Navamsha（D9）　九分盤　　　Spouse

```
   5   4        Sa                 2    Me Ju
                Ju
         Ra                                     Ve           Sa
         Mo          3   As Su           1             Ra
         Ma              Ke   Ra
   6                                  12        Ju
                                               Ma
   7   Ke                                            Ma
       Sa        8                    Ke   11        Mo
                      Me JuR          Ra             Ke
   9              Ve Ma           10   Sa
```

012

1978/12/24 上午 01:25:30 Zone : -08:00 CCT Internet:268 beats
Taipei, Taiwan
Longitude: 120E30 Latitude: 22N03 CurPer: Ju/Ma/Ve
Lahiri Ayanamsha: 23:33 365.25 Day Year True Node

吉	✓
半吉半凶	✗
半凶半吉	✗
凶	✗

半吉	■	吉	■
半凶	■	凶	■

Dasha/Bhukti periods

Sa

Ma/Ra	1978/3/19		Sa/Sa ✗	2018/10/21	Ve/Ve	2061/10/21
Ma/Ju	1979/4/7		Sa/Me ✓	2021/10/24	Ve/Su	2065/2/20
Ma/Sa	1980/3/13		Sa/Ke	2024/7/3	Ve/Mo	2066/2/20
Ma/Me	1981/4/21	40	Sa/Ve	2025/8/12	Ve/Ma	2067/10/22
Ma/Ke	1982/4/19	⟨	Sa/Su	2028/10/12	Ve/Ra	2068/12/21
Ma/Ve	1982/9/15	59	Sa/Mo	2029/9/24	Ve/Ju	2071/12/21
Ma/Su	1983/11/15		Sa/Ma	2031/4/25	Ve/Sa	2074/8/21
Ma/Mo	1984/3/22		Sa/Ra	2032/6/3	Ve/Me	2077/10/21
			Sa/Ju	2035/4/10	Ve/Ke	2080/8/21

Ra/Ra	1984/10/21		Me/Me	2037/10/21	Su/Su	2081/10/21
Ra/Ju	1987/7/4		Me/Ke	2040/3/19	Su/Mo	2082/2/8
Ra/Sa	1989/11/27		Me/Ve	2041/3/16	Su/Ma	2082/8/9
Ra/Me	1992/10/2	59	Me/Su	2044/1/15	Su/Ra	2082/12/15
Ra/Ke	1995/4/22	⟨	Me/Mo	2044/11/20	Su/Ju	2083/11/9
Ra/Ve	1996/5/9	76	Me/Ma	2046/4/22	Su/Sa	2084/8/27
Ra/Su	1999/5/10		Me/Ra	2047/4/19	Su/Me	2085/8/9
Ra/Mo	2000/4/3		Me/Ju	2049/11/5	Su/Ke	2086/6/15
Ra/Ma	2001/10/3		Me/Sa	2052/2/11	Su/Ve	2086/10/21

Ju/Ju	2002/10/21		Ke/Ke	2054/10/21	Mo/Mo	2087/10/22
Ju/Sa	2004/12/8		Ke/Ve	2055/3/19	Mo/Ma	2088/8/21
Ju/Me	2007/6/22		Ke/Su	2056/5/19	Mo/Ra	2089/3/22
Ju/Ke	2009/9/27	24	Ke/Mo	2059/9/23	Mo/Ju	2090/9/21
Ju/Ve	2010/9/3	⟨	Ke/Ma	2057/4/24	Mo/Sa	2092/1/21
Ju/Su	2013/5/4	40	Ke/Ra	2057/9/21	Mo/Me	2093/8/21
Ju/Mo	2014/2/20		Ke/Ju	2058/10/9	Mo/Ke	2095/1/21
Ju/Ma ✗	2015/6/22		Ke/Sa	2059/9/15	Mo/Ve	2095/8/22
Ju/Ra ✗	2016/5/28		Ke/Me	2060/10/24	Mo/Su	2097/4/21

✦ 命盤案例 24 ✦

田宅運旺，購屋得償所願

「老師午安，昨晚房子已順利簽約，終於買下我們夫妻倆人生中的第一宅，人走好運壞運時真的有差，如果沒遇見老師指點，給我無比的信心，昨晚也許在談價時可能會被對方牽著走傻傻加價，經老師指點也做了心理準備，堅持到了多少數字就是自己底限不可再加，告訴自己絕對不可衝動。

剛開始對方由開價 850 要實拿 760，而房仲與屋主談 725 約見面，說有機會可談 740、750 時，屋主鬆口才願意見面談，就在一來一往議價，原本屋主堅持 740，而我堅持 740 不吉利，要求 738 就是不加價，感覺 740 諧音是氣死你，後來屋主終於鬆動願意簽約成交。

拿到合約時我當下飆淚啊！心裡實在感動無法以言語形容內心的激動，如果沒老師的指點以我衝動個性可能會加到 750 而買貴了，現在回想當時聽說有投資客出 730 屋主不賣，而我只比投資客多 8 萬就買下人生第一房真的是很幸運，謝謝老師祝老師財源滾滾來生意興隆，永遠青春永駐。」

看了這篇感言其實我內心也滿激動的，因為這對夫妻只是小康人家，她先算了她自己，之後又來算女兒，順便請教我買房子的問題。論命的錢對他們而言也是不小的負擔，所以我十分希望能幫她順利買到物超所值的房子！再看她印占流月，最好在 6 月以前成交對她比較有利，於是我建議她堅持她的底價，不要輕易被煽動，因為田宅運旺時確實比較容易得償所願！

真的恭喜她，人生中第一間房子意義非凡，也希望每個來找我的客戶，多多少少都能有所收穫，因為我真的很努力，也很認真地在準備客戶的命盤！

感情剪不掉理還亂，就當是修行

「老師，我回到旅館了，是我要謝謝你才對！你知道為了感情的事，我困擾了三年多了，這三年真的不知道怎麼熬過來的，我其實不想離婚，怕未來不知會怎樣，很怕改變現狀，但困在裡面又真的太痛苦！聽完你的話，我知道人生的路向，不要再給藉口自己去美化了，到真的忍受不了的時候，我會作出抉擇，希望未來會更開心的過日子！老師，謝謝你給了我信心，我會更積極去生活。」

這是一位特地從香港飛來找我諮詢的女生，一頭披肩長髮，略微黝黑的膚色襯出一雙頗為慧 靈動的雙眼，果然像太陰化科坐命宮，對宮是天同，個性溫柔細膩敏感情緒化，而且十分重感情，充滿浪漫情懷，對感情還是有著羅曼蒂克的幻想，夫妻宮是「天機」，但「空劫夾福德宮」，所以婚姻是她最大罩門。容易嫁到性喜投機，比較沒有家庭責任感的配偶，所以她必須一肩扛起家庭重任，基本上非常不利婚姻。

她已經為了婚姻痛苦了 3 年，但婚姻不容易離，因為有陀羅星作祟，轉來轉去總是又回到原點。「天機」在夫妻宮容易縱容配偶任性，或是明知不合卻會自我迷醉或甘於承受，像個鴕鳥般埋在自己的世界裡獨自痛苦，也缺乏面對現實的勇氣。

其實女人事業運不錯，有「左輔右弼」夾，我鼓勵她將重心放在工作和孩子身上，至於婚姻的問題真的只能看緣分，一方要離一方不離，確實是很大的折磨，可偏偏最難放手的那個人，永遠是自己身邊最親密的陌生人。

其實印度占星命盤早已看出她應該有新的追求者，因為現在正走 25 ～ 41 歲 Ju 大運的她，正坐本命盤子女宮宮主星，所以子女運桃花運均佳，尤其從 2014/12/8 ～ 2015/11/14 走 Ke 凶星流年，也就是婚姻會出問題，因為刑沖到本命和夫妻宮，所以也有可能認識婚外情對象，但夫妻感情剪不掉理還亂，真的只能當成

修行，或是相欠債，婚姻真正的危機可能落在 2018/7/15 ～ 2019/5/3，或 2020/9/1 之後。他本命盤九分盤 Sa 皆廟旺，婚姻有可能改朝換代，而且第二任老公能力不差，因為她從 41 歲之後都在走夫妻運、事業運、田宅運、和子女運，她唯一比較弱的就是婚姻，因為有 Ma、Ke、Ra 凶星在打，基本上我不是一個勸合不勸離的命理老師，我始終覺得如果婚姻關係變成一種惡性循環，那為何不乾脆放手，或許能成就另一樁也許會比較好的姻緣？

隔了一個多月，她又再度傳訊息給我：

「老師，自從跟你見面以後，我就知道我該怎麼做了！上星期三，我已經正式拒絕了那位對我有意思的男生，我說我不可能在現在的情況接受一段新的感情，我必須要保護身邊的人，就算我和老公感情再不好，我也不想傷害他，更不想那個男生繼續花時間在我身上，感覺也不會有什麼結果。跟他說完我的決定之後，我整個人都感覺輕鬆許多，因為我覺得這樣做是正確的！

可能如你所說，我和我老公就像陀螺一樣，轉來轉去，也不容易離，明知雙方性格價值觀各方面都不合，但時間未到，緣分未盡，為了孩子，就也先湊合吧，總之，現在自己首先要過得開心！

老師，知道你也有很多的經歷，也有自己的煩惱，讓我們一起加油哦！每天都要讓自己美美的，開心的，那才是最重要的，為什麼非得讓男人左右我們的心情呢（這可真是我活到現在最痛苦的領悟）！

所以我覺得你真的很棒的，給很多人帶來了正能量、希望和方向，真的是功德無量！

我平時也有唸般若波羅蜜心經，我會把祝福默默地送給你，祝福你雖有煩惱和困擾，但也能輕鬆面對，從容度過，身心康泰！」

這個客戶的關懷彷彿寒冬送暖，讓我的心像浸了海綿一樣，水一般的柔軟而蕩漾…。其實婚姻是一門最難修的功課，包括婚外情也是人生很大的試煉，我只要從命盤就可以輕易看出是否有第三者的問題，基本上不僅僅是男生，連女生外遇的都很多，感情無關對錯，只有時間早晚和適不適合的問題，一個人一生有緣的對象也

許很多，但能夠偕老的卻只有一個，也許他們不是真正的最愛，但卻可能是始終不離不棄，等待最久的那一個…。因為她從 2015/11/14 ～ 2018/7/15 正走 Ju/Ve 吉星流年，所以夫妻運可能會好轉，但桃花依舊藕斷絲連，也許大家可以和平共處一段時間，但女生異性緣旺是不爭的事實。

　　至於婚外情的未來其實就是現在，也就是當下，因為不會有未來，所以決定權應該是握在女人自己手上，如果放下就是對自己最大的救贖，我期待每個曾經被真心愛過，但卻使君有婦的男人，也能心存感恩…。也許就因為一個善良女人的退讓，男人的家庭依舊能夠和平運轉，並且擁有最平凡的幸福！

吉 ■
凶 ■

013
1983/10/26 上午 02:27:30 Zone : -08:00 CCT Internet:811 beats
Hong Kong, Hong Kong
Longitude: 114E09 Latitude: 23N17 CurPer: Ju/Ve/Ve
Lahiri Ayanamsha: 23:37 365.25 Day Year True Node

實際性格：天秤座

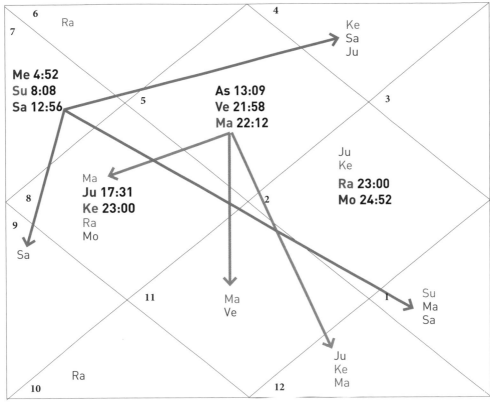

6
Ra

7

Me 4:52
Su 8:08
Sa 12:56

5

As 13:09
Ve 21:58
Ma 22:12

4

Ke
Sa
Ju

3

Ju
Ke
Ra 23:00
Mo 24:52

8

Ma
Ju 17:31
Ke 23:00
Ra
Mo

9

Sa

2

11

Ma
Ve

1

Su
Ma
Sa

10
Ra

12

Ju
Ke
Ma

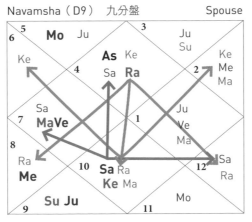

Navamsha（D9） 九分盤   Spouse

5   3
6   Mo   Ju   Ju
                     Su
Ke   As   Ke   Ke
          4   Sa   Ra   2   Me
                              Ma
      Sa   Ju
7   MaVe   1   Ve
                        Ma
8
Ra   10 Sa Ra   12 Sa
Me   Ke Ma   Ra
Su Ju
9   11   Mo

013

1983/10/26 上午 02:27:30 Zone : -08:00 CCT Internet:811 beats
Hong Kong, Hong Kong
Longitude: 114E09 Latitude: 23N17 CurPer: Ju/Ve/Ve
Lahiri Ayanamsha: 23:37 365.25 Day Year True Node

吉		✓
半吉半凶		✗
半凶半吉		✗
凶		✗

半吉	■	吉	■
半凶	■	凶	■

Dasha/Bhukti periods

Ma/Ra	1983/5/30		Sa/Sa ✓	2024/1/1		Ve/Ve		2067/1/1
Ma/Ju	1984/6/17		Sa/Me ✓	2027/1/4		Ve/Su		2070/5/3
Ma/Sa	1985/5/24		Sa/Ke	2029/9/13		Ve/Mo		2071/5/3
Ma/Me	1986/7/2	41	Sa/Ve	2030/10/23		Ve/Ma		2073/1/1
Ma/Ke	1987/6/30	≀	Sa/Su	2033/12/23		Ve/Ra		2074/3/3
Ma/Ve	1987/11/26	60	Sa/Mo	2034/12/5		Ve/Ju		2077/3/2
Ma/Su	1989/1/25		Sa/Ma	2036/7/5		Ve/Sa		2079/11/1
Ma/Mo	1989/6/2		Sa/Ra	2037/8/14		Ve/Me		2083/1/1
			Sa/Ju	2040/6/20		Ve/Ke		2085/11/1

Ra/Ra	1990/1/1	Me/Me	2043/1/1	Su/Su	2087/1/1
Ra/Ju	1992/9/13	Me/Ke	2045/5/30	Su/Mo	2087/4/21
Ra/Sa	1995/2/7	Me/Ve	2046/5/27	Su/Ma	2087/10/20
Ra/Me	1997/12/13	Me/Su	2049/3/27	Su/Ra	2088/2/25
Ra/Ke	2000/7/2	Me/Mo	2050/1/31	Su/Ju	2089/1/19
Ra/Ve	2001/7/20	Me/Ma	2051/7/3	Su/Sa	2089/11/7
Ra/Su	2004/7/20	Me/Ra	2052/6/29	Su/Me	2090/10/20
Ra/Mo	2005/6/14	Me/Ju	2055/1/16	Su/Ke	2091/8/26
Ra/Ma	2006/12/14	Me/Sa	2057/4/23	Su/Ve	2092/1/1

	Ju/Ju ✓	2008/1/1	Ke/Ke	2060/1/1	Mo/Mo	2093/1/1
	Ju/Sa ✓	2010/2/18	Ke/Ve	2060/5/29	Mo/Ma	2093/11/1
	Ju/Me ✓	2012/9/1	Ke/Su	2061/7/30	Mo/Ra	2094/6/2
25	Ju/Ke ✗	201412/8	Ke/Mo	2061/12/4	Mo/Ju	2095/12/2
≀	Ju/Ve ✓	2015/11/14	Ke/Ma	2062/7/5	Mo/Sa	2097/4/2
41	Ju/Su ✗	2018/7/15	Ke/Ra	2062/12/2	Mo/Me	2098/11/1
	Ju/Mo ✓	2019/5/3	Ke/Ju	2063/12/20	Mo/Ke	2100/4/3
	Ju/Ma ✗	2020/9/1	Ke/Sa	2064/11/25	Mo/Ve	2100/11/2
	Ju/Ra ✗	2021/8/8	Ke/Me	2066/1/4	Mo/Su	2102/7/3

連走兩個 Ma、Ra 凶星流年，
注意事業變動及破財

「創立公司十多年，多少起伏都經歷過，但是 103～104 年間最讓我感到沒有希望沒有未來。

4 月中旬下定決心去找老師，不諱言的其實我心裡已放棄了。廉價多變的政策、媒體不斷播放的小確幸、各處興建中的觀光夜市；我們這麼多年對品牌和品質的堅持顯得可笑。

幸運的我遇到靜唯老師，使用紫微、印度占星多種解盤分析下來只能用非常神準來形容，但當時我還是有些疑慮的（過去準確不代表將來準確呀？相信大多數人都是和我一樣的心態）。

老師當時說：6 月中事情會有好　的改變，7 月 30 日開始走好運了。結果：1 天都沒晚，完全按照老師說的日期有了好的轉變，好多案子突然蜂擁而來，所有事情也都順利進行。老師的推斷分析太神準也太神奇了！也讓我現在心裡總有十萬個為什麼？為什麼未來可以被推斷出來？為什麼靜唯老師會這麼神？」

其實不是我神，而是印度占星算運勢確實很神奇，只要出生時分是準確的，不論過去、現在、未來的運勢都會很精準，甚至分毫不差。之後她又傳一篇感言給我：

「老師，實在是太神奇了。之前妳幫我排印度占星：7 月 30 號之後運好，從 6 月 15 日起就會往好的方向走的感覺。是真的，從那天起就接了 2 個案子。」

她的印占本命盤田宅有廟旺的 Ju 照對宮事業的 Mo，所以田宅事業均旺，恰恰

她的工作命盤顯示與田宅、夫妻有關，而她跟男友共同從事室內空間設計已經很多年，但九分盤是羅計凶星在打田宅事業，也代表工作非常辛苦，凡是事必躬親，她的海外運宮主星是廟旺的 Su，定位星又有 Ve 加持，所以不僅海外運佳，或是常接跟海外有關的案子，神秘宮也強，所以紫微看出她有宗教敏感體質，對命理也有特別的興趣和天賦。

　　不過她從 32 ～ 51 歲走很長的凶星 Sa 大運，映射到她的遷移宮、朋友宮（不宜亂投資）和兄弟宮，要注意身體健康、意外血光和小人是非，2015/7/29 ～ 2017/2/26 走 Mo 流年，事業運佳，不過非常辛苦，尤其 2017/2/26 ～ 2018/4/7，2018/4/7 ～ 2021/2/11 連走兩個 Ma、Ra 凶星流年，所以要特別注意事業的變動波折和健康及情緒。但她 50 歲後晚運頗佳，事業運會有更蓬勃的發展，夫妻運也不錯，一定會有很好的老伴廝守終身。

014
1972/4/18 下午 05:05:36 Zone : -08:00 CCT Internet:421 beats
Taipei, Taiwan
Longitude: 121E30 Latitude: 25N03 CurPer: Sa/Mo/Ju
Lahiri Ayanamsha: 23:28 365.25 Day Year True Node

吉 ■
凶 ■

實際性格：雙魚座

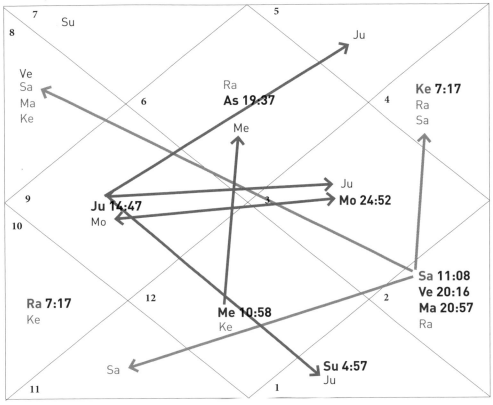

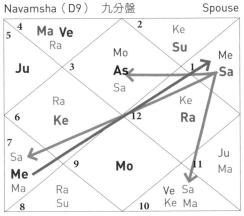

Navamsha（D9） 九分盤　　　　　　Spouse

014

1972/4/18 下午 05:05:36 Zone : -08:00 CCT Internet:421 beats
Taipei, Taiwan
Longitude: 121E30 Latitude: 25N03 CurPer: Sa/Mo/Ju
Lahiri Ayanamsha: 23:28 365.25 Day Year True Node

吉		✔
半吉半凶		✔✗
半凶半吉		✗✔
凶		✗

半吉	▬	吉	◼
半凶	▬	凶	◼

Dasha/Bhukti periods

Ra/Ra	1970/8/25		Me/Me ✔	2023/8/25	Su/Su	2067/8/25
Ra/Ju	1973/5/7		Me/Ke	2026/1/21	Su/Mo	2067/12/13
Ra/Sa	1975/10/1		Me/Ve	2027/1/18	Su/Ma	2068/6/12
Ra/Me	1978/8/7	51	Me/Su	2029/11/18	Su/Ra	2068/10/18
Ra/Ke	1981/2/23	≀	Me/Mo	2030/9/24	Su/Ju	2069/9/12
Ra/Ve	1982/3/14	68	Me/Ma	2032/2/24	Su/Sa	2070/7/1
Ra/Su	1985/3/13		Me/Ra	2033/2/20	Su/Me	2071/69/13
Ra/Mo	1986/2/5		Me/Ju	2035/9/9	Su/Ke	2072/4/19
Ra/Ma	1987/8/7		Me/Sa	2037/12/15	Su/Ve	2072/8/25

Ju/Ju	1988/8/25		Ke/Ke	2040/8/24	Mo/Mo	2073/8/25
Ju/Sa	1990/10/13		Ke/Ve	2041/1/21	Mo/Ma	2074/6/25
Ju/Me	1993/4/25		Ke/Su	2042/3/23	Mo/Ra	2075/1/24
Ju/Ke	1995/8/1	16	Ke/Mo	2042/7/29	Mo/Ju	2076/7/25
Ju/Ve	1996/7/7	≀	Ke/Ma	2043/2/27	Mo/Sa	2077/11/24
Ju/Su	1999/3/8	32	Ke/Ra	2043/7/26	Mo/Me	2079/6/25
Ju/Mo	1999/12/25		Ke/Ju	2044/8/12	Mo/Ke	2080/11/24
Ju/Ma	2001/4/25		Ke/Sa	2045/7/19	Mo/Ve	2081/6/25
Ju/Ra	2002/4/1		Ke/Me	2046/8/28	Mo/Su	2083/2/24

Sa/Sa	2004/8/25		Ve/Ve	2047/8/25	Ma/Ma	2083/8/25
Sa/Me	2007/8/28		Ve/Su	2050/12/25	Ma/Ra	2084/1/21
Sa/Ke	2010/5/7		Ve/Mo	2051/12/25	Ma/Ju	2085/2/8
Sa/Ve	2011/6/16	32	Ve/Ma	2053/8/25	Ma/Sa	2086/1/15
Sa/Su ✗	20148/16	≀	Ve/Ra	2054/10/25	Ma/Me	2087/2/24
Sa/Mo ✔	2015/7/29	51	Ve/Ju	2057/10/25	Ma/Ke	2088/2/21
Sa/Ma ✗	2017/2/26		Ve/Sa	2060/6/25	Ma/Ve	2088/7/19
Sa/Ra ✗	2018/4/7		Ve/Me	2063/8/25	Ma/Su	2089/9/18
Sa/Ju ✔	2021/2/11		Ve/Ke	2066/6/25	Ma/Mo	2090/1/24

全身傷痕累累，不放棄活下去的力量

昨天一個單親媽媽帶著一大一小兩個孩子來我工作室，大的 23 歲，小的才 10 歲，媽媽很急的幫兒子算運勢，在電話溝通時感覺她又急又無奈，兒子也充滿期待要跟我見面，所以在幫兒子論命時我特別注意我的遣辭用字，希望不要傷害到孩子的自尊，也不要讓他對現況灰心。因為孩子現在走的 Ra 大運並不是強運，而且一走走到 35 歲，尤其這兩年工作感情運都不是很穩定，再加上是空宮坐命，對宮天同天梁的孩子，所以性格比較被動懶散，開創力不足，媽媽在我面前抱怨他之前一直在家玩電動，完全不幫她的忙，頓時我心裡一緊，這不就是現在小孩普遍的通病？

今天我想說的不是命盤，而是母親的擔憂與為兒子費盡心力讓我感動，有的孩子開竅較晚，很難理解一個單親媽媽把孩子拉拔大的辛苦與辛酸，母親在市場賣手工堅果及藍莓牛軋餅等伴手禮，每樣堅果她都要親手細心挑選，所以她對她的產品新鮮度及品質十分自豪，可是又苦於沒有幫手把事業拓展，兒子對這個工作也沒興趣，媽媽只好送他去學保險，在這個媽媽臉上我看到不服輸的堅毅與風霜，但我覺得她是個勇敢而美麗的母親，雖然孩子成年了，但仍然是她心頭最深的牽掛！

我勸她放手讓孩子自己去闖吧！挫折也是一種歷練，尤其是男生，不要怕跌倒，怕的只是沒有重新站起來的能力！我希望這次諮詢的經驗能夠幫助他兒子釐清未來的方向，只要設定一個努力的目標，結果如何不重要，重要的是他在過程中學習到什麼？

吃了媽媽帶來的手作堅果，果真是我吃過最新鮮最美味的了，再加上我又是堅果狂，一下子就收買了我的胃，而且我深知這個工作的辛苦，所以真心希望能盡自己微薄之力幫助她，後來她也來找我論自己的命，她被打得最凶的是她九分盤夫妻宮，不但羅計凶星沖，還多了一顆凶星 Sa 來搗亂，所以連續兩段感情都離婚收場，孩子全部由她一人撫養，最小的才 10 歲。

但她這個九分盤廟旺的 Ma 大運注定就會出現新對象，時間點剛好就落在 2015/3/17 ～ 2016/5/17 之間，也就是她來找過我不久，我在臉書 po 她賣的堅果照片，有許多粉絲被她的故事感動打電話來訂購，其中一位我的客戶竟然跟她擦出火花，這點倒是我始料未及的。後來核對兩人的印占和紫微命盤，確實都十分吻合，連相遇的時間點都一模一樣，讓我不禁感慨，緣分緣分，一切都是冥冥中註定好的。雖然我從不鼓勵迷信，但對於感情我卻是十分宿命的，因為不管是善緣孽緣，一個人會出現在你生命中一定有它的道理，也許是前世因果，也許是彼此相欠債，總之今生的相遇就是金風玉露一相逢，勝卻人間無數…。

　　雖然她的感情之後還會面臨很大的考驗，因為 47 ～ 65 歲走 Ra 凶星大運，正打夫妻宮，而且要特別注意身體。不過她晚運是非常不錯的，最大吉星 Ju 大運是老天爺看她一路跌跌撞撞走來，全身傷痕累累，卻始終沒有放棄活下去的力量，所給她最好的禮物吧！當然，這一切也都是靠她自己努力打拚來的。畢竟命運是公平的，人生不會有永遠的低潮，只是時間早晚問題而已，只要一直堅持下去，我相信生命終會為努力活下去的人綻放出美麗的丰采。

　　後來她寫給我臉友一封信：

　　「今年八月中，偶然在臉書上看到靜唯老師的粉絲專頁，拜讀完一篇又一篇她幫客戶算命的文章之後，酷愛算命、一輩子到處算命的我，立刻與她相約算命…。

　　但因預算的問題，我決定先讓大兒子算，因為在此同時，大兒子正面臨工作上的極度徬徨…。

　　經過靜唯老師以印占加紫微、塔羅占卜三合一的詳細批算之後，大兒子知道自己要到 35 歲才能走大運賺大錢…。目前雖然處於運勢低迷之際，在靜唯老師悉心鼓勵之下，原本茫然失措卻又一心想衝刺出一番事業的大兒子，瞬間定下心來，依照老師的建議，趁這段等待大運來臨前的低潮期，好好的進修學習，充實自己，將來迎接大運而做準備…。看到兒子因為給靜唯老師論命而收穫如此之大，我立刻在半個月後也約了老師算命。

　　我是個單親媽媽，獨力撫養兩個孩子，賣著自己精心挑選產地、品種，又堅持自己極低溫烘烤的超優質養生堅果。我的產品吃過的人都說讚，但這些年來，卻始

終處於叫好不叫座的鬼打牆狀態…，這也是我來找靜唯老師算命的原因。在這之前，因為一輩子從未順遂、幸福過，我問過的神明和算過的命理老師早已多到數不清了…，結果呢？不準的不準，胡謅一堆的，說不出個所以然的…，更有誇張到我跟大兒子坐下不到 3 分鐘，就丟給我和大兒子幾個名字，說回去挑其中一個改了，就從此什麼都好了…，然後要價 10,000 元，母子同算打 8 折算 8,000 元…，殊不知我大兒子才剛花了 5,000 元改了這個名字，而我也是花了幾千塊錢改過名字了。

結果我辛辛苦苦賺來的錢，一次又一次地捧給所謂的大師花用，卻越算越迷惘、越問越茫然…。日子依然辛苦、生意事業還是處於鬼打牆、走不出一條明確的路。直到來到靜唯老師這裡，她用印占加紫微三合一的精細詳批和互相對照後，

我清楚了自己前半生的錯誤，明白了未來的人生走向和該動及該保守的正確時機點。最神奇的是，老師從印占（流月）和紫微命盤看出，我即將在 10 月 20 日後與一個天相坐命的男生相戀…。

當時我還想，單身 10 年的我，怎麼可能在這麼短的時間內遇到讓我傾心相戀的人呢？靜唯老師還從紫微命盤看出，我目前住的房子有問題，會阻礙我的財運和事業的發展，於是透過她的安排，我請了郭老師來家裡看風水和調整。郭老師不但功力高深莫測，還非常親切慈悲，他說我自己一個人太辛苦了，他教我擺了招桃花貴人的風水陣，才花了不到 50 元的小錢，三天後，我就遇到了現在的他…，實在太神奇、太厲害了…。而且我家裡的煞氣太重了，有一陣子我常和大兒子脾氣相衝，在郭老師教我如何化解煞氣之後，我跟大兒子現在相處得非常融洽，彼此的脾氣也都平和許多。

靜唯老師不但是我找過的算命老師裡，最美最準又最善良熱心的一位，她非常體恤我一個人撫養兩個孩子的辛苦，更認同我堅持高品質的堅果產品～論完命之後，她不但親切又溫柔地為我加油打氣，還主動說要盡力幫我推薦我的堅果…。事後，我不但接到許多靜唯老師的臉友和粉絲打來訂購產品的電話，就連我現在身邊的他，都是靜唯老師介紹來跟我買堅果而相識相戀的…。

世事或許變化難料，但靜唯老師論命實在太準了！我這個男友真是她所說的天相坐命的男生，而我男友的紫微命盤竟也顯示，他會在這個時間點遇到一個殺破狼的女子與他相戀…，我跟他都認為老師論命真讓人佩服。

其實我去找靜唯老師算命，真的只是想要知道未來正確的方向和動靜的時間點，讓自己別再走錯路，做錯決定和選擇，怎麼也沒想到，事實是給老師算命算到遇見一個人生中的好伴侶，事業上也多了好多的新客人。

老師的獨特印占加紫微、塔羅占卜三合一論命算得非常精細且準確，當你明白了自己未來該如何趨吉避凶，你就不需要再捧著生辰到處問事算命，然後還越算越不解，越問越迷惘…。我真的非常高興自己走出來了！祝福靜唯老師的臉友和粉絲們～都能像我一樣，來到這裡找到屬於自己的幸福和希望！」

015

1970/4/26 上午 07:01:30 Zone : -08:00 CCT Internet:1 beats
Taipei, Taiwan
Longitude: 121E30 Latitude: 25N03 CurPer: Me/Ve/Me
Lahiri Ayanamsha: 23:26 365.25 Day Year True Node

Su ？ 實際性格：金牛座

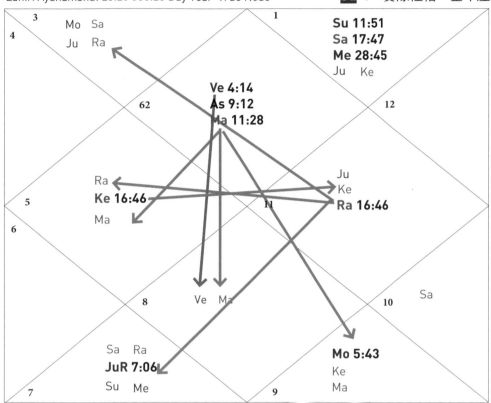

			1
3	Mo　Sa		
4	Ju　Ra		**Su 11:51**
			Sa 17:47
			Me 28:45
			Ju　Ke
	Ve 4:14		
62	**As 9:12**		12
	Ma 11:28		
	Ra		Ju
5	**Ke 16:46**		Ke
	Ma	11	**Ra 16:46**
6			
8	Ve　Ma	10	Sa
	Sa　Ra		**Mo 5:43**
7	**JuR 7:06**	9	Ke
	Su　Me		Ma

Navamsha（D9） 九分盤　　　　Spouse

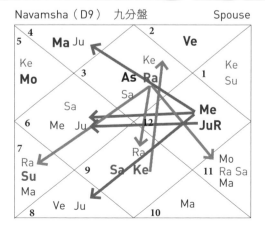

5	4 **Ma** Ju	2	**Ve**
Ke			Ke
Mo	3 **As Ra**	1	Su
	Sa		
Sa			**Me**
6 Me　Ju	12		**JuR**
7	9	11	Mo
Ra	**Sa Ke**		Ra Sa
Su			Ma
Ma			
8	Ve　Ju	10 Ma	

1970/4/26 上午 07:01:30 Zone : -08:00 CCT Internet:1 beats
Taipei, Taiwan
Longitude: 121E30 Latitude: 25N03 CurPer: Me/Ve/Me
Lahiri Ayanamsha: 23:26 365.25 Day Year True Node

吉	✓
半吉半凶	✗
半凶半吉	✗
凶	✗

半吉	■	吉	■
半凶	■	凶	■

Dasha/Bhukti periods

Ke/Ra	1970/3/23		Mo/Mo	2000/4/22		⌐Ju/Ju	2035/4/23
Ke/Ju	1971/4/11		Mo/Ma	2001/2/21		Ju/Sa	2037/6/10
Ke/Sa	1972/3/17		Mo/Ra	2001/9/22		Ju/Me	2039/12/23
Ke/Me	1973/4/26		Mo/Ju	2003/3/24	65	Ju/Ke	2042/3/29
			Mo/Sa	2004/7/23	⌇	Ju/Ve	2043/3/5
			Mo/Me	2006/2/21	81	Ju/Su	2045/11/3
			Mo/Ke	2007/7/23		Ju/Mo	2046/8/23
			Mo/Ve	2008/2/21		Ju/Ma	2047/12/23
			Mo/Su	2009/10/22		⌞Ju/Ra	2048/11/27

Ma ?

Ve/Ve	1947/4/23		⌐Ma/Ma	2010/4/23		Sa/Sa	2051/4/23
Ve/Su	1977/8/22		Ma/Ra	2010/9/19		Sa/Me	2054/4/26
Ve/Mo	1978/8/23		Ma/Ju	2011/10/7		Sa/Ke	2057/1/3
Ve/Ma	1980/4/22	40	Ma/Sa ✗	2012/9/12		Sa/Ve	2058/2/12
Ve/Ra	1981/6/22	⌇	Ma/Me	2013/10/22		Sa/Su	2061/4/13
Ve/Ju	1984/6/22	47	Ma/Ke ✗	2014/10/19		Sa/Mo	2062/3/26
Ve/Sa	1987/2/21		Ma/Ve ✓	2015/3/17		Sa/Ma	2063/10/26
Ve/Me	1992/4/23		Ma/Su ✗	2016/5/17		Sa/Ra	2064/12/3
Ve/Ke	1993/2/21		⌞Ma/Mo ✓	2016/9/21		Sa/Ju	2067/10/10

Ra ?

Su/Su	1994/4/23		⌐Ra/Ra ✗	2017/4/23		Me/Me	2070/4/23
Su/Mo	1994/8/10		Ra/Ju	2020/1/4		Me/Ke	2072/9/18
Su/Ma	1995/2/9		Ra/Sa	2022/5/29		Me/Vc	2073/9/16
Su/Ra	1995/6/17	47	Ra/Me	2025/4/4		Me/Su	2076/7/16
Su/Ju	1996/5/11	⌇	Ra/Ke	2027/10/23		Me/Mo	2077/5/23
Su/Sa	1997/2/27	65	Ra/Ve	2028/11/9		Me/Ma	2078/10/22
Su/Me	1998/2/9		Ra/Su	2031/11/10		Me/Ra	2079/10/20
Su/Ke	1998/12/16		Ra/Mo	2032/10/4		Me/Ju	2082/5/8
Su/Ve	1999/4/23		⌞Ra/Ma	2034/4/4		Me/Sa	2084/8/13

正坐先生夫妻宮，老公的貴人

　　曾經從台中來了一對夫妻很可愛，堪稱絕配，老婆是我臉書忠實的粉絲，應該是下了很大的決心才決定來找我算，結果人未到一箱自家種、新採收的水梨先送到，因為是自己農場種的，完全沒有打農藥和生長激素，全部自然熟成，真的是超甜又多汁，當下我就跟她預訂了兩箱火龍果。

　　她在來之前內心其實是十分忐忑的，因為她時間不是很確定，而且老公運勢一直低迷不振，所以先算她老公，她還拜託我先幫她老公看一下如果未來運勢還是很差，她就不來算了！其實不管走的是強運還是弱運，都會有好和不好的流年，只是最怕大運流年流月皆弱的關卡，所以要懂得趨避，並不一定走弱運時每年都會很慘！

　　可是整體來說大運是十分重要的，只是人生一定有起伏，而且好壞並不是跟別人比較，而是跟自己比較，所以我不能告訴你一旦換好的大運時能賺多少錢，只能說相對於前面的弱運可以轉好很多，有人只走一個好運就可以累積一生的財富，但也可能一個弱的大運就全部敗光了！

　　我特別提前一天看了她老公的印度占星，他前面確實已經整整走了 10 幾年的弱運，尤其是從 1997 ～ 1999 之間，也就是九二一大地震時，他們家的果園和花園全毀，從此一蹶不振，這是天災很難預防，但他印占紫微看來確實會千萬身家毀於一夕，所以他辭去工作在家務農，但因為近幾年氣候異常，生意一年不如一年，我想這也是很多中南部果農目前面臨的困境吧！

　　不過我十分確定他的壞運即將結束，明年下半年開始走 10 幾年 Me 水星大運，事業運財運會明顯轉好許多，老婆聽了像吃了一顆定心丸，而且她的生肖正坐先生的夫妻宮，並且宮干四化旺到配偶的事業運及財運，所以說她是老公的貴人也不為過，真真是姻緣天注定啊！

　　最後我想說的是，我的客戶並不一定都是達官顯要，也有平凡的市井小民，甚至有些人省吃儉用只為了來幫另一半或孩子論命，自己卻捨不得看，但我相信這一切是值得的，因為我是論一生而不只是只論一個大運，諮詢完有問題還可以隨時問我，所以我和很多客戶都變成好朋友，因為我非常珍惜每段在茫茫人海中短暫相聚的緣分！

　　讓我們一起為台灣那些默默守著家園，一步一腳印，胼手胝足的農民們祈福吧！

　　沒多久這個古道熱腸的太太就 PO 了一篇感言在我臉書上，讓我感動不已，接著就常常收到她自己種的水果，真的是吃在嘴哩，甜在心裡…。

　　「我長久以來是靜唯老師臉書上的粉絲，看到老師 PO 上論命的情況，是這麼的準確，就有一鼓衝動想找老師論命去，但因路途遙遠及工作繁忙而卻步了！

　　今年的水果收成（眼看會是很好）因天氣飆高，導致過熟太多，收成不如預期，看著先生悶悶不樂，怎麼逗他，他就是不笑，我的心中無比的難過，心想他這麼勤勞認真，種出來的水果都是甜又多汁，親朋好友無不稱讚，可是為什麼總是不如預期，讓他心中無比難過，因而下定決心找靜唯老師去…

　　老師還在大陸工作就和老師聯繫，並請老師一回國就馬上排我先生，並拜託老師先看一下，未來有沒有好的大運，若沒有我不上去了免得更難過，有才上去聽仔細，前一天緊張萬分～當老師傳來～上來吧！要開始走大運了，尤其是老運更好呢？來吧！明天見囉！

　　當見到老師本人，她本人比相片漂亮～高尚～氣質萬分～當老師開始述說以往皆全部吻合，尤其是其中有一句，有緣有分乃相得，維扶屬羊方為高，老師解釋了，需同根生，真的好準確，先生的大哥就屬羊，每次他有困難，大哥總是盡力幫他，有如此的兄長多不容易，尤其是我和先生的姻緣是在前生就注定要在一起了，真的是姻緣天注定。

　　聽完老師的論命，也知道明年年底開始要走大運了～心中大石終於落下，接下來要好好的規畫，這幾天看著先生又回來的笑容及侃侃而談著，我的心中有著無比的欣慰～～早就該找老師去了！

真的要好好謝謝，靜唯老師～您就像一盞明燈，即時照亮了我們，在我們要放棄時，即時的指點了我們未來的方針，我也會更加的努力布施～老師說的：我會認真去執行～尤其是～老成鳳子振家聲～～加油！加油！

　　老師～我改天會再帶弟弟找老師去喔！媽媽交代的～～～」

016
1970/6/6 下午 04:20:30 Zone : -08:00 CCT Internet:889 beats
Taipei, Taiwan
Longitude: 120E30 Latitude: 24N03 CurPer: Sa/Ju/Ra
Lahiri Ayanamsha: 23:26 365.25 Day Year True Node

實際性格：雙子座

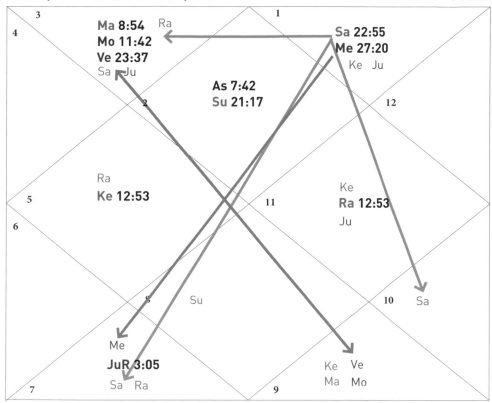

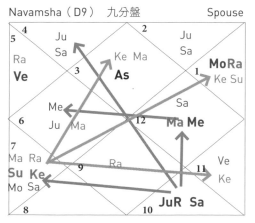

Navamsha（D9） 九分盤　　　　　　Spouse

1970/6/6 下午 04:20:30 Zone : -08:00 CCT Internet:889 beats
Taipei, Taiwan
Longitude: 120E30 Latitude: 24N03 CurPer: Sa/Ju/Ra
Lahiri Ayanamsha: 23:26 365.25 Day Year True Node

吉		✓
半吉半凶		✗
半凶半吉		✗
凶		✗

半吉	◼	吉	◼
半凶	◼	凶	◼

Dasha/Bhukti periods

Ra/Sa	1968/9/24	Me/Me ✓	2016/8/18	Su/Su	2060/8/18		
Ra/Me	1971/8/1	Me/Ke ✗	2019/1/15	Su/Mo	2060/12/6		
Ra/Ke	1974/2/17	Me/Ve	2020/1/12	Su/Ma	2061/6/6		
Ra/Ve	1975/3/8	Me/Su	2022/11/12	Su/Ra	2061/10/12		
Ra/Su	1978/3/7	Me/Mo	2023/9/18	Su/Ju	2062/9/6		
Ra/Mo	1979/1/30	Me/Ma	2025/2/17	Su/Sa	2063/6/25		
Ra/Ma	1980/7/31	Me/Ra	2026/2/14	Su/Me	2064/6/6		
		Me/Ju	2028/9/2	Su/Ke	2065/4/13		
		Me/Sa	2030/12/9	Su/Ve	2065/8/19		

46 ～ 63

Ju/Ju	1981/8/19	Ke/Ke	2033/8/18	Mo/Mo	2066/8/19
Ju/Sa	1983/10/7	Ke/Ve	2034/1/15	Mo/Ma	2067/6/19
Ju/Me	1986/4/19	Ke/Su	2035/3/17	Mo/Ra	2068/1/18
Ju/Ke	1988/4/25	Ke/Mo	2035/7/23	Mo/Ju	2069/7/19
Ju/Ve	1989/7/1	Ke/Ma	2036/2/21	Mo/Sa	2070/11/18
Ju/Su	1992/3/1	Ke/Ra	2036/7/19	Mo/Me	2072/6/18
Ju/Mo	1992/12/18	Ke/Ju	2037/8/6	Mo/Ke	2073/11/18
Ju/Ma	1994/4/19	Ke/Sa	2038/7/13	Mo/Ve	2074/6/19
Ju/Ra	1995/3/26	Ke/Me	2039/8/22	Mo/Su	2076/2/18

Sa ✗

Sa/Sa ✗	1997/8/19	Ve/Ve	2040/8/18	Ma/Ma	2076/8/18
Sa/Me	2000/8/21	Ve/Su	2043/12/19	Ma/Ra	2077/1/14
Sa/Ke ✗	2003/5/1	Ve/Mo	2044/12/18	Ma/Ju	2078//2/2
Sa/Ve	2004/6/9	Ve/Ma	2046/8/19	Ma/Sa	2079/1/9
Sa/Su	2007/8/10	Ve/Ra	2047/10/19	Ma/Me	2080/2/18
Sa/Mo	20087/22	Ve/Ju	2050/10/19	Ma/Ke	2081/2/14
Sa/Ma	2010/2/20	Ve/Sa	2053/6/19	Ma/Ve	2081/7/13
Sa/Ra	2011/4/1	Ve/Me	2056/8/18	Ma/Su	2082/9/12
Sa/Ju	2014/2/5	Ve/Ke	2059/6/19	Ma/Mo	2083/1/18

27 ～ 46

九二一大地震

✦ 命盤案例 29 ✦

碰到南轅北轍另一半，婚姻才走得下去

　　昨天晚上批了一個難度較高的命盤，他給我的時分是上午 4:55 分，照慣例我都會往前推 3 分鐘，往後推 2 分鐘看印度占星命盤有沒有改變？因為印占有一個本命盤，一個九分盤，本命盤一個鐘頭左右才會變，但九分盤有可能不到 1 分鐘就變盤，而且論大運流年流月的吉凶主要是以九分盤為主，本命盤為輔，結果這位仁兄 4:20 秒不僅九分盤變，連本命盤都完全不一樣了，如果以紫微八字的觀點來看同一個時辰命運應該是相同的，但印度占星卻在 20 秒內改變了一個人的命運！

　　所以我特別先跟他核對一下他的大致狀況，例如 4:55:50 秒是感情運弱，波折很多；4:55:20 秒是財運起伏大，留不住財，結果印證之後他應該是 4:55:50 秒以後出生的，這就是印占神奇之處，雖然僅有 30 秒之差，但命運就有很大的差異。

　　雖然他的印占從 50 歲以後運勢起伏較大，尤其要注意身體和婚姻，但對照紫微也是「空劫沖夫妻宮」，又是《武曲破軍》對《天相》，所以一生感情易遭背叛挫折，或因窮困而分離，也就是必須碰到一個個性命格跟他同樣堅毅而且南轅北轍的另一半，婚姻才會走得下去，因為他自己是《天府》坐命的男人，外表雍容平和，內心卻頗為強勢主觀，所以兩人很容易硬碰硬，因此磨合的時間也特別長，但「空劫沖夫妻宮」，感情或婚姻很容易有意外變故或難以逆料的挫折打擊，但所幸這幾年印占運是還不錯，《天府》坐命的他生命毅力頗強，也懂得充實自我，精益求精。建議他好好把握這幾年的黃金時期，得失勿慮，大膽求勝吧！

✦ 命盤案例 30 ✦

天相大男孩，擺脫情緒障礙

「靜唯老師，今天很感謝老師不辭辛勞、用心的幫忙，再多的言語都無法表達我對老師您感恩的心。

今天與老師見面，本人比照片中要美，散發著高雅氣質般的氣息，更有著照片中無法看到的親切感，與老師在交談中這種感覺格外的舒服、溫暖。

在老師詳細的解說下，看著我自己的流年，走到目前的運勢都被老師一一的點出，讓人不禁讚嘆，很尊佩老師對自我工作的專業下了非常多的苦心跟功夫，讓我們更加地完整瞭解自己。

印度占星很準確地算出 2011～2013 我所面臨生命中最大的低潮，在過去我曾是一位軍官，在軍校擔任實習幹部時，曾被賦予重任，也被看好，下部隊後，得到長官的賞識，而安排要職，就在這時我的運勢開始走下坡，宛如摔下山谷般，我得了重度憂鬱症，最後不得不離開軍中。當時我無法面對也不能接受，我也放不下他人對我的看法，這段日子我曾動過離開的念頭，所幸一直靠著藥物在控制病情，長達了一段時間，之後一直跌跌撞撞，也遇到不少小人，非常不順遂，我常會拿與自己年齡相仿的朋友比較，怨嘆別人為什麼可以這麼好，而自己卻這樣糟糕？想到即將進入三字頭的我，依然一事無成，不禁讓我對未來感到憂心忡忡，感情上在這時也受到相當大的考驗，最後也深受打擊，這段時間讓我頓時失去了工作、感情、身體健康及財務，讓我陷入絕望的深淵。

然而奇妙的是誠如印占所言，2013 年下半年慢慢地在轉好了，也在這時讓我遇到靜唯老師，經由老師的鼓勵與幫助之下，讓內心徬徨無助走在人生十字路口中的我，重新找到目標與方向，也謝謝那些在人生低潮時陪我一起度過的家人及朋友們，因為有他們，我才能逐漸地走出人生的黑洞。

我很喜歡老師給我的一個比喻，當我們正處於低潮或是辛苦的階段時，就像是

稻米一開始播種時，必須先要彎下腰來插秧，要時常灌溉、注意蟲害，過程總是歷盡艱辛，但只要堅持下去總會收穫甜美的果實！

　　老師不僅對客戶好，也對孩子相當的好，是一位很疼愛、很照顧小孩的母親，今天由衷地謝謝老師的幫忙，讓我能面對過去，迎接未來，我一定要堅持下去，也絕對不會忘記老師，妳說我的貴人中有女性，我相信老師妳絕對是其中之一，最後還是感謝再感謝老師的幫忙，老師辛苦妳了。」

　　這篇感言相當長，讓我不禁熱淚盈眶，天相坐命的男生，個性慷慨重義氣，只可惜福德宮廉貞化忌，代表他天生體質確實有憂鬱症傾向，有時這真的不是他自己的問題，有遺傳有基因甚至佛家說的所謂業障的因素，憂鬱症患者有時連一天都撐不下去，我在印占命盤上看到過去 3 年他陷入生命中最大的低潮，所幸他有去接受治療，也用意志力撐過來了，我不禁為他鼓掌，因為男生的運勢會像倒吃甘蔗，越陳越香的！

　　所以知命，然後堅持下去是很重要地，謝謝你，天相的大男孩，祝願你早日擺脫情緒的障礙，繼承家業，而且青出於藍！

合參三種命盤，諮詢具體中肯

　　這是我的客戶寫在靜唯老師粉絲專頁的話，我看了真的既感動又窩心，客戶的肯定無疑是我最大的驕傲！

　　「看到老師接受採訪的影片，聽到老師不疾不徐緩緩道來，溫柔的語調，又想起了前不久找老師論命的情景，想起當初會找老師論命的緣起，是因我在 101 年底到 102 年間遭遇感情重大挫折，原本對算命不怎麼感興趣的我，在這段期間因為人生受挫，跌落谷底，悲傷之餘想知道自己感情路之顛簸是否能有結束的一天，未來人生是否還有光明希望，是故自 102 年底開始了我的算命之路。

　　在靜唯老師之前我已算了 5 次，都是單論紫微或八字或紫微加八字合參，這 5 位老師都各講出了一些內容，這 5 次算命的結果，拼拼湊湊也讓我大致知道了我的命是怎樣的輪廓，後來又在網路上搜尋找到靜唯老師，因為沒算過印度占星，基於對自己命運的好奇心，又找了靜唯老師論命，讓我很驚訝的是，老師說出的內容幾乎就是我前 5 次算命的總和！無論是時間內容都相印證！

　　老師從沒見過我，但論我的個性躍然紙上的活脫脫就是我自己！在座上的我心裡是驚呼連連！但為了不打斷老師，我是到後來才對老師說出我的驚訝！所以我很肯定靜唯老師的論命絕對有一定功力！不是瞎矇亂唬！以我的算命經驗，合參三種命盤，加上老師諮詢時言語具體而中肯，（不是說說星性格局而已，而是有看出諸星坐落背後的代表涵義），這樣的收費絕不算貴，付錢付得心甘情願！也很巧的，找老師算完命後不久，老師就開始在媒體上密集曝光了，想來以後要再找老師論命應該越來越難排了吧！」

✦ 命盤案例 32 ✦

26 歲前走木星大運，父母掌上明珠

「親愛的靜唯老師：

我與您第一次結緣是在今年 2 月的時候，您"印度占星流年全方位又專業、又詳細、又親切的說明，讓我真的非常地感謝您！而對印占年月日時間點的準確性更是讓我嘖嘖稱奇！另外對於印占的時間點真的覺得太不可思議，也太準了！而且老師一看到我的命盤就直接說中我的工作與感情的關聯性，好準喔！我會好好注意的！

人生讓人最徬徨的就是對於未來的未知了！

目前我的人生走到了三字頭的階段，以前人生過得還算順利的我，卻在一個時間點之後就開始不順利到現在，時間點正是印占上的時間，也才體會到原來人生有起起落落，還好我遇到老師您，讓我知道未來要如何趨吉避凶，弱運時要保守面對、充實自己，好運時更要好好的把握！

因為我前幾年有遇到過弱運時又更弱運的時候，當時真的很辛苦，所以第一次的印占流年讓我知道未來的幾年內還是會再遇到弱運時又弱運的時候，於是第二次再請老師您幫我算這幾年的印占流月，好讓我能先有心理準備知道哪裡要小心留意，好克服難關，過了之後，我就又開始十幾年的好運！再次謝謝老師您的鼓勵，讓我更有勇氣去面對未來的人生！印占對於生涯規劃真的好有幫助！

很榮幸得知老師您今年六月要出印占的書，在此祝老師您的新書暢銷大賣！（一定會^^），期待老師您的新書發表簽名會！」

昨天一個被我從過年前改到過年後的女生終於碰面了，因為最近身體不適，所以有被我改時間的客戶，在此我真的深感抱歉！她是個長得很 Hello Kitty，胖得白白嫩嫩，很可愛的「貪狼」女生，微翹豐潤的嘴唇，渾身有股溫室中花朵的嬌氣，

其實她印占 26 歲之前都走木星大運，所以一直是父母捧在手中的嬌嬌女。

　　她特別的是出生證明寫下午 4:55 分，印占一往前推到 4:54:30 秒就變盤，我核對一下她最近戀愛失戀和血光的時間，確定她是 4:54:30 ～ 50 秒出生的，結果論命時讓她頻呼不可思議，因為失戀時間恰恰是命盤寫的同一天！

　　最近很多幾年前的客戶紛紛打給我，說印占預測他們這幾年會戀愛、懷孕、置產、車禍的時間點都十分準確，因為命運需要時間證明，如果有人覺得時間點不準，那肯定是出生時分有問題，因為印度先知的智慧不容質疑，印度占星是一門「天啟神授」，融合了天文學，占星學，數字學，邏輯學的學問，它非但一點都不怪力亂神，而且是一門十分科學而博大精深，源遠流長的占星術數。

✦ 命盤案例 33 ✦

參考印占賺錢時間點，投資避險

　　最近算了一個「廉貞破軍」在命宮，對宮是「天相」的男士，廉破坐命是紫微斗數少數作為力及強勢性數一數二的星座，這類人對於想要的東西都會想盡辦法得到，但是一旦失去興趣也會立刻翻臉無情，所以這個組合的人通常眼神銳利，給人不好相處的感覺，雖然交遊廣闊，但最好不要牽涉到利害關係，因為他們有精明幹練的一面，也有熱心富正義感的內在，只是行事風格頗為獨斷獨行，所以一生的波動起伏也較大！

　　他的印度占星從小到大一直都十分好命，從事工作也跟海外有關，原來他是做職業簽賭的行業，內容橫跨全球，其實他並不是適合投機之人，偏偏投機心態又重，當運勢好時感覺起伏不會特別大，但是從去年開始他的大運就對投資及財運不利，財務易大起大落，我建議他要投資可以，但務必參考印占流年流月容易賺錢的時間點再放膽下注，尤其投資運要看朋友宮（福德宮）的吉凶，弱運時就不宜投資或投機，很多人在朋友宮超差時大膽投資，通常都會輸得很慘，如果能參考印占運勢趨吉避凶，這樣損失自然會減少許多，甚至連賺錢的機率也會大很多！

　　他對星座頗有研究，所以他看得懂印占行星的符號，回去之後他傳 line 給我：「老師，我檢查了一下我下注的紀錄，發現我走 Ju 木星運時贏錢機率真的比較大！」因為他財運的吉星是 Ju 和 Ve，所以大運流年流月走這兩個星時確實比較容易賺錢，這也是論命的目的，不管是要創業還是投資，基本上都要參考印占的運勢來做規劃，這樣才能掌握先機，出奇制勝！

　　雖然我不鼓勵賭博，但是有的人就適合賺是非及投機，甚至亂中得利之財，但是他們所要承擔的風險也會比較大，所以他中年以後的運勢浮浮沉沉，必須經過更多的磨練與挫折才會趨於穩定，但所幸晚運是好的，重點是既然要投機，就必須輸贏自負，懂得見好就收，急流勇退才是真正有智慧的人！

遺傳性血友病，激勵出堅毅生命

在一切都變好之前
我們總要經歷一段
黎明前的黑暗
這段日子 也許很長
也許很短
也許只是一覺醒來……——臉書分享文章

　　這次去北京有個客戶讓我印象很深刻，其實他是台商，頂著一個很有型的光頭來見我，我始終以為他是個酷到不行的帥哥，加上他皮膚特別白，甚至沒有一絲血色，肌膚細緻得像嬰兒一樣，我看了挺訝異竟然男人皮膚會如此白皙？

　　他說話十分斯文，彬彬有禮，可是當我看到他印度占星命盤時卻十分納悶，我當下問他：「為什麼你一直都要注意血光問題？」因為我很少看到有人血光這麼慘烈的。他不急不徐地回我：「老師，你答對了！因為我有遺傳性血友病。」

　　他這一生都需要打凝血因子，好止住破掉的血管，就如同水管破裂，萬一無法止住，隨時都會有生命危險！所以他從七歲開始就學會自己打針，一旦出血或受傷就必須靠自己立即止血，絲毫不能延誤止血時間，否則會立刻失去性命！

　　他說得雲淡風清，我聽得驚心動魄，至於他光頭的原因並不是刻意高調的造型，而是因為以中醫角度而言，髮血之餘，一旦出血次數多了，頭髮也會一把把脫落，所以他索性理光頭！難怪他紫微命盤看出須防暗疾之類的。

　　他求生的堅強毅力讓我非常感動，常常有很多憂鬱症患者來找我諮詢，今天公開這個案例就是想讓更多人知道：人沒有走不過的坎，也沒有過不去的關，當你在自己的情緒幽谷中糾結時，試著想想～～有多少人為了捍衛自己生存的權利而努力

不懈，從不放棄！？而身體健康、無病無痛的我們，又有什麼資格自怨自艾，委靡不振？

016

1980/7/26 上午 03:26:30 Zone : -08:00 CCT Internet:852 beats
Taipei, Taiwan
Longitude: 121E30 Latitude: 25N03 CurPer: Ma/Ra/Sa
Lahiri Ayanamsha: 23:35 365.25 Day Year True Node

吉 ■
凶 ■

實際性格：雙子座

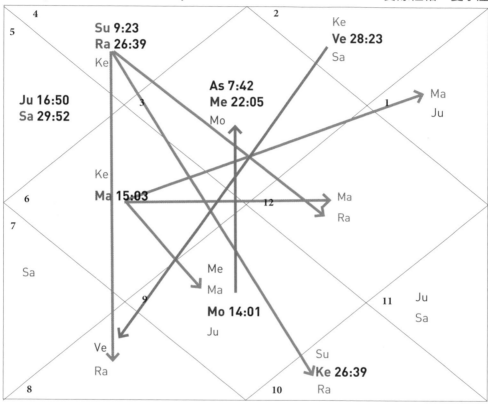

Su 9:23
Ra 26:39
Ke

Ve 28:23
Sa

Ju 16:50
Sa 29:52

As 7:42
Me 22:05
Mo

Ma
Ju

Ke

Ma 15:03

Ma
Ra

Sa

Me
Ma

Ju
Sa

Mo 14:01
Ju

Ve
Ra

Su
Ke 26:39
Ra

4 5 2 1 3 6 7 12 9 11 8 10

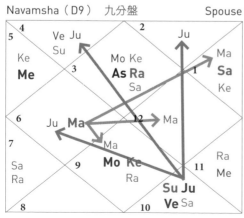

Navamsha（D9） 九分盤   Spouse

Ve Ju
Su
Ke
Me

Mo Ke
As Ra
Sa

Ju
Ma
Sa
Ke

Ju Ma

Ma

Ma

Sa
Ra

Mo Ke
Ra

Su Ju
Ve Sa

Ra
Me

4 5 2 1 3 6 12 7 9 11 8 10

016

1980/7/26 上午 03:26:30 Zone : -08:00 CCT Internet:852 beats
Taipei, Taiwan
Longitude: 121E30 Latitude: 25N03 CurPer: Ma/Ra/Sa
Lahiri Ayanamsha: 23:35 365.25 Day Year True Node

吉	✓
半吉半凶	✗
半凶半吉	✗
凶	✗

半吉	■	吉	■
半凶	■	凶	■

Dasha/Bhukti periods

Ve/Ve	1979/7/12	Ma/Ma ✗	2015/7/12		Sa/Sa	2056/7/11	
Ve/Su	1982/11/11	Ma/Ra ✗	2015/12/8		Sa/Me	2059/7/15	
Ve/Mo	1983/11/11	Ma/Ju ✓	2016/12/26		Sa/Ke	2062/3/24	
Ve/Ma	1985/7/12	Ma/Sa ✗	2017/12/2	35	Sa/Ve	2063/5/3	
Ve/Ra	1986/9/11	Ma/Me	2019/1/10	≀	Sa/Su	2066/7/3	
Ve/Ju	1989/9/10	Ma/Ke	2020/1/8	42	Sa/Mo	2067/6/15	
Ve/Sa	1992/5/11	Ma/Ve	2020/6/5		Sa/Ma	2069/1/13	
Ve/Me	1995/7/12	Ma/Su	2021/8/5		Sa/Ra	2070/2/22	
Ve/Ke	1998/5/12	Ma/Mo	2021/12/11		Sa/Ju	2072/12/29	

Su/Su	1999/7/12	Ra/Ra ✗	2022/7/12		Me/Me	2075/7/12	
Su/Mo	1999/10/30	Ra/Ju	2025/3/24		Me/Ke	2077/12/8	
Su/Ma	2000/4/29	Ra/Sa	2027/8/18		Me/Ve	2078/12/5	
Su/Ra	2000/9/4	Ra/Me	2030/6/23	42	Me/Su	2081/10/5	
Su/Ju	2001/7/30	Ra/Ke ✗	2033/1/10	≀	Me/Mo	2082/8/11	
Su/Sa	2002/5/18	Ra/Ve	2034/1/28	60	Me/Ma	2084/1/11	
Su/Me	2003/4/30	Ra/Su ✗	2037/1/28		Me/Ra	2085/1/7	
Su/Ke	2004/3/5	Ra/Mo	2037/12/23		Me/Ju	2087/7/27	
Su/Ve	2004/7/11	Ra/Ma	2039/6/24		Me/Sa	2089/11/1	

Mo/Mo	2005/7/12	Ju/Ju	2040/7/11		Ke/Ke	2092/7/11	
Mo/Ma	2006/5/12	Ju/Sa	2042/8/29		Ke/Ve	2092/12/7	
Mo/Ra	2006/12/11	Ju/Me	2045/3/12		Ke/Su	2094/2/7	
Mo/Ju	2008/6/11	Ju/Ke	2047/6/18	60	Ke/Mo	2094/6/14	
Mo/Sa	2009/10/11	Ju/Ve	25048/5/24	≀	Ke/Ma	2095/1/13	
Mo/Me	2011/5/12	Ju/Su	2051/1/23	76	Ke/Ra	2095/6/12	
Mo/Ke	2012/10/11	Ju/Mo	2051/11/11		Ke/Ju	2096/6/29	
Mo/Ve	2013/5/12	Ju/Ma	2053/3/12		Ke/Sa	2097/6/5	
Mo/Su	2015/1/10	Ju/Ra	2054/2/16		Ke/Me	2098/7/15	

女人要懂得，為自己活

女人一定要有四樣東西：

揚在臉上的自信

藏進心底的善良

融進血裡的骨氣

刻進命理的堅強。——— 臉書分享文章

「很謝謝老師今天的講解，很仔細也很專業。我完全不需要去想，我該問些什麼，因為老師講解前都是下足了功夫，雖然我一生起起落落，但我覺得老師講的很對，越是在逆境中，越要力爭上游。過去的我曾經消極面對未來，迷惘未來該何去何從，深怕自己未經過深思熟慮，而走錯任何一步，畢竟我還有家累，許多顧忌也讓我步步為營。

與老師談完之後，讓我面對未來，有了更確定的方向與規劃，同時期待未來的轉變。我也很感謝，在我人生走到了十字路口或是走不下去的時候，總會有貴人為我打開大門指引著我，今天一直很期待與老師的約會，每次總是關注著老師與諮詢者訊息，有時候可以在訊息裡得到一些領悟。

老師氣質高雅脫俗，而且身上彷彿有種莫名的魅力深深吸引著我，但今天的我，好像一直很放不開，從開始到結束，都是戰戰兢兢的，一直到回程總是還沒有回過神，就像老師說的，我的腦袋總是不停的轉啊轉….」

我覺得我跟這個客戶挺有緣，原本約好論命的時間因為臨時有狀況取消，一直到昨天才見到面，而且在一個美式餐廳，她一眼就叫我老師，這表示我本人跟照片沒差太多，呵呵……她帶了一個閨蜜來，算完之後她朋友立刻跟我預約下次論命時

間，我想這就是對我的肯定吧！之後她傳來長長的感言，我真的很感動，我想每次都是因為客戶的支持，我才能獨自支撐過一個人準備資料的孤寂與枯燥吧！

　　臨走時我緊握她的手，因為知道她正面臨婚姻重大抉擇，這對女人來說是多麼不容易的事？真的需要非常大的勇氣，我告訴她：「當孩子大了，女人一定要懂得為自己而活，因為我們已經為家庭子女犧牲太多，到可以鬆一口氣的時候，讓自己快樂比什麼都重要！」

　　加油，親愛的女性同胞們！

20 年金星 Ve 大運，
符合武府「大雞晚啼」

「老師～昨天謝謝妳，我早上已經回到家了，妳幫我算的其實都非常準，人也很親切，你說我表面看起來溫溫的看不太出來，但我知道私底下，其實就跟妳說的一模一樣，缺點也是一針見血，還有算過之後，讓我對未來就沒有那麼迷惘害怕，但是我會努力磨練，充實自己。希望以後還有機會再去找老師，祝妳和兒子身體健康！」

那天我工作室來了一個 19 歲的小女生，戴著口罩的眉宇之間顯得眉清目秀，靦腆而沉默，她從高雄慢慢坐巴士晃蕩而來，看起來是一個十分有教養但卻頗缺乏自信的小女生。

當下真的很難看出她是武曲天府天魁坐命的，少了一份霸氣與魄力，也許還太年輕吧！武府坐命的人一來能以天府的沉穩內斂來支持武曲的金，二來也能以天府的包容力化解武曲的剛硬，所以善於表現且具領導力，只是運程較為晚發，需要經過時間層層磨練來站穩腳步。

我說她心口如一，個性很急，喜歡在家中當老大，這是她安靜秀氣的外表看不出來的，因為戴著口罩所以看不太出來她臉上的表情，再加上福德宮是貪狼的關係，所以多才多藝，靈敏機巧，但貪多嚼得，不喜深入，而且夫妻宮不佳，所以我建議她不宜早婚！

她說她已經連續兩年重考都考不好，現在不想繼續再考了，攤開她的印度占星，我特別看了一下她的讀書宮，這兩年考運確實是不太好，但 2015/3/21 ～ 2016/8/19 走 mo（月亮）運，考運會好很多，我希望她不要放棄，因為從 37 歲至 57 歲的她

走 20 年金星 Ve 大運，恰恰符合了武府「大雞晚啼」的運程。

　　最後她問了我一個問題，終於讓我知道她為何一直戴口罩的原因！女孩對自己外表沒什麼自信，她始終在猶豫該不該動削骨的整形手術？其實我覺得未嘗不可，只要讓自己變得更有自信，改變外貌無形中也是一種改運的方法！重點是讓自己變美是身為女人的權利，尤其是在有血光的流年裡，動點整形手術其實也是避掉血光的一種方式…。

　　漸漸地她整個人似乎從全身繃緊的狀態下慢慢放鬆了，我終於看到屬於她 19 歲的光芒正在悄悄閃爍，而她略帶憂鬱的眼神也開始蕩漾出青春煥發的神采…。

　　第二天一早醒來，我就收到她傳來的簡訊，心裡有股說不出的踏實與溫馨感，衷心希望她越來越有自信，希望有一天能看到她意氣風發地站在我面前，叫我一聲靜唯老師，如果我的一句話能改變她一點點，我相信那將是我這輩子最大的驕傲！

剖腹擇日，不輕易推算

　　曾有很多新加坡、馬來西亞客戶特地來找我論命，甚至有人邀請我去新加坡開課，因為他們認為新加坡沒有厲害的老師，其實我滿喜歡新加坡，而且還真沒去過呢！想不到我跟新加坡客戶還頗有緣。

　　馬來西亞的客戶是要剖腹擇日跟論自己運勢，基本上剖腹擇日我也是用印度占星＋紫微斗數等三種命理合參，然後選出一個最好的時分，不過印占擇日十分費時耗神，因為 1 ～ 15 分都可能變盤，所以在預產期兩個禮拜前要看無數張命盤，所以我會先從紫微找出好的格局再細算到印占運勢，也就是幾點幾分生？因為即使格局再好，運勢還是重於一切，運弱時就像被天羅地網限制住，只能保守因應，不論做任何事都容易事倍功半。

　　此外，剖腹還有另一個風險，那就是如果孩子提前破水，就表示他沒這個命在選好的時辰生下來，如果能順利生下來則代表一切都是命中注定的，所以我用紫微擇日時也會看父母跟子女是否有緣？基本上，三方四正的行星都要吻合父母和子女的命盤才對。

　　我幫她選了 5 個超好的時分，希望她能在她心目中第一名的時間點生下來，當然天命不可違抗，但如果子女注定有血光我就會建議剖腹，如果沒有，自然生產還是最好的選擇！

　　雖然我們不是神，無法造命，尤其是孩子的一生影響深遠，所以我不輕易答應剖腹擇日，除非生產過程確實有血光的問題，或本身命盤子女宮偏弱，我才會建議選擇一個較好的時分來增強子女的運勢。

　　因為我始終相信：命中有時終須有，命中無時終須無，人生無法強求，尤其是生命。但好的命理老師確實能幫父母做最好的選擇，如果能讓孩子少走一些冤枉路，相信肯定是每個父母最大的心願。

孩子依照命運藍圖規劃，
適情適性發展

今天一個氣質美貌俱佳的熟女第二次來找我，這回算的是他 13 歲的兒子，兒子的印度占星超漂亮，幾乎幾個凶星的位置都是廟旺反吉，一生的運勢也是少見的順遂！

她一直頗為苦惱兒子該不該出國唸書？我先問她時辰是不是選過的？她說是用紫微隨便選一選，老師說沒跟她犯沖就好！其實她的子女宮超漂亮，不管怎麼生都會生到能力很強的孩子，所以即便是自然生運也會不錯。

這是我看過這麼多印占少見的好盤，煞星只有兩個，土星火星太陽都是強的，一般人的命運起伏都會很大，但他幾乎是從出生就一路旺到底，只有婚姻和身體稍弱了些！

尤其是他的遷移宮超旺，是可以異地揚名的格局，而且出國時間就是 2014 年！其實媽媽已經帶他去北京唸美國學校了，算完她也更加肯定兒子未來的規劃，不再猶豫。

其實孩子是最需要依照他的命運藍圖提早做規劃及趨避的，因為透過命盤不但可以充分了解孩子性格的特質及優缺點，還可以幫助父母懂得如何讓孩子適情適性發展，以及該怎麼跟他們溝通才可以減少許多親子間無謂的紛爭與對立。

煥采系列

安美諾美白修護霜

商品購買、使用方式及肌膚相關諮詢
請撥打免費客服專線

0800-000-036

美無痕生物科技股份有限公司　　安美諾生醫科技有限公司

健康回甘好咖啡

咖啡豆、掛耳咖啡、巧克力

相關產品：咖啡禮盒、密封罐、手動磨豆機
促銷商品如：陽傘、招牌、瓷杯、記念杯、
時鐘、棒球帽、貼牌

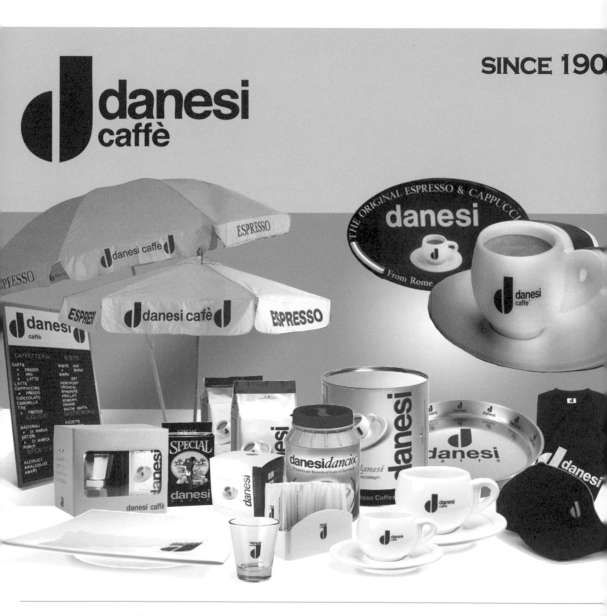

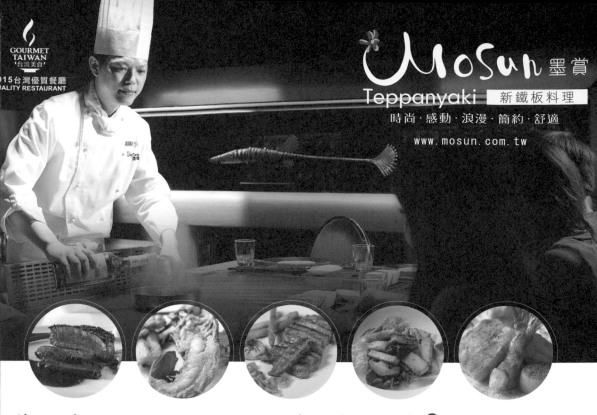

國家圖書館出版品預行編目（CIP）資料

相遇～在印度占星／靜唯老師 著. -- 初版.
-- 臺北市：時報文化，2016.05
　　面；　公分. --（愛生活；8）
ISBN 978-957-13-6621-0（平裝）
1.占星術
292.22　　　　　105006267

愛生活 8
相遇～在印度占星

作　　　者	靜唯老師
編　　　輯	王克慶
美 術 設 計	果實文化設計工作室
攝　　　影	方峻
董 事 長 總 經 理	趙政岷
出 版 者	時報文化出版企業股份有限公司
	10803 台北市和平西路三段 240 號 7 樓
	發行專線—（02）2306-6842
	讀者服務專線—0800-231-705、（02）2304-7103
	讀者服務傳真—（02）2304-6858
	郵撥— 19344724 時報文化出版公司
	信箱—台北郵政 79 ～ 99 信箱
時報悅讀網	http://www.readingtimes.com.tw
法 律 顧 問	理律法律事務所 陳長文律師、李念祖律師
印　　　刷	詠豐印刷股份有限公司
初 版 一 刷	2016 年 05 月 27 日
定　　　價	新台幣 350 元